Inhalt

Einleitung   9

1. KAPITEL
Falsche Begriffe, falsche Zahlen, falsche Weltsicht

Einwanderungsland Bundesrepublik   16
Der Nationalstaat – Hindernis auf dem Weg in die
multikulturelle Gesellschaft   22
Wie schwer es ist, Deutscher zu werden   26
Wohl dem, der »Volkszugehöriger« ist   30
Für eine Begriffserklärung   36

2. KAPITEL
Fremde im Paragraphendschungel

Die fein abgestufte Fremdenhierarchie   39
Edel-Fremde: Deutsche und Deutschstämmige   41
Politisch privilegiert: EG-Bürger   42
Man rief Arbeitskräfte – es kamen Menschen:
Gastarbeiter   43
Opfer der Nazis: Heimatlose Ausländer   45
Privilegierte Opfer: Kontingentflüchtlinge   46
Einen Weg durch den Paragraphendschungel gebahnt:
Asylberechtigte   46
Zum Nichtstun verurteilt: Asylbewerber   48
Wie Asylanten gemacht werden   50
Flüchtling und doch nicht Flüchtling: De-facto-
Flüchtlinge   52
Und es geht noch tiefer: Illegale   55

3. KAPITEL
Das Land drängt seine Kinder fort

Warum Menschen wandern 56
Die deutsche Auswanderung 61
Vom Auswanderungs- zum Einwanderungsland 65
. . . und was hat sich geändert? 69
Die internationale Wanderung 70

4. KAPITEL
Menschen auf der Flucht

Wenn die »großen Blumen« verdorren 76
Alte und neue Flüchtlingsströme 78
Flüchtlinge weltweit 81
Flüchtlingspolitik mit Zahlenspielen 84

5. KAPITEL
Wirtschaftswachstum durch Zuwanderung

Arbeitslos durch Ausländer? 88
Die Arbeit tun die anderen 90
Zuwanderer als Lückenbüßer im Strukturwandel 95
Fremde und der Zweite Arbeitsmarkt 97
Zuwanderer und Produktivität 101
Konjunkturprogramm durch Zuwanderer 103
Volkswirtschaftslehre neu entdeckt 107

6. KAPITEL
Saat der Mutigen

Fortschritt durch Einwanderer 112
Türken: Start in die Selbständigkeit 117
Brain drain oder Brain inflow 119

ROLAND TICHY

Ausländer rein!

Deutsche und Ausländer –
verschiedene Herkunft,
gemeinsame Zukunft

Piper
München Zürich

ISBN 3-492-11686-8
Originalausgabe
April 1990
3., völlig überarbeitete Auflage, 11.–18. Tausend Februar 1993
(1. Auflage, 1.–8. Tausend dieser Ausgabe)
© R. Piper GmbH & Co. KG., München 1990
Umschlag: Federico Luci
Foto: Wirtschaftswoche, Düsseldorf
Foto Umschlagrückseite: Foto Herff, Bonn
Satz: SatzStudio Pfeifer, Gräfelfing
Druck und Bindung: Clausen & Bosse, Leck
Printed in Germany

7. KAPITEL
Einwanderer gesucht

Neue Arbeitskräfte braucht das Land 123
Sterben die Deutschen aus? 127
Die Folgen des Bevölkerungsrückgangs 130
Die Überalterung der Alten Welt 134
Nord-Süd-Konflikt statt Ost-West-Konflikt? 138

8. KAPITEL
Chancen und Risiken einer multikulturellen Gesellschaft

Gefahr durch Überfremdung? 142
Versteckter Rassismus: Die Homogenisierung
Deutschlands 146
Die Gefahr einer neuen Klassengesellschaft:
Die Ethclass-society 148
Türken als Ethclass in der Bundesrepublik? 150
Aussiedler – die Türken von morgen? 153
Ausländer in den neuen Bundesländern 155

Thesen für eine deutsche Ausländerpolitik

1. Der deutsche Nationalismus und Rassismus
   darf nicht wiederaufleben! 161
2. Wir müssen zu einem humanen Sprachgebrauch
   finden! 163
3. Die Einbürgerung muß erleichtert werden! 164
4. Deutschland *war* und *ist* Einwanderungsland! 165
5. Die Einwanderung muß gesteuert werden! 167
6. Ausländer müssen als Einheimische anerkannt
   werden! 168

Kommentierte Literaturübersicht 171

Einleitung

Von Einheimischen und Fremden

»Deutsche und Ausländer: verschiedene Herkunft, gemeinsame Zukunft« – kann man ein Buch wie dieses jetzt noch schreiben? In einer Zeit, in der Flüchtlinge gejagt, die Wohnungen hier geborener Menschen verbrannt werden, deren Eltern oder Großeltern einst in der Türkei von Beamten der deutschen Arbeitsämter als Arbeitskräfte für die Fließbänder in Deutschland angeworben wurden?

Nicht die Ausländer sind das Problem – das Problem ist der Rechtsruck in Deutschland, ist die Haßsprache der Politiker, wenn es um Ausländer (die eigentlich Inländer sind) geht, das Problem ist eine Regierung, die aus parteipolitischen Gründen den Artikel 16 des Grundgesetzes emotionalisiert und verschweigt, wo die wirklichen Probleme liegen: In einer seit mittlerweile Jahrzehnten verkehrten Politik und Gesetzgebung, im Festhalten an Grundprinzipien des Ausländerrechts aus dem vorigen Jahrhundert und aus der Zeit des Rassismus.

Dabei hatte dieses Jahrzehnt so vielversprechend begonnen: Ein Wort veränderte in den 80er Jahren Europa: »Das gemeinsame Europäische Haus« beschwor Staats- und Parteichef Michail Gorbatschow. Bald wurden die Türen in diesem Haus aufgestoßen – zwischen Räumen, die jahrzehntelang voneinander getrennt waren: Deutschland wurde wiedervereinigt, und die hermetisch abgeriegelten Grenzen nach Polen, der Tschechei, nach Rußland öffneten sich.

Die Reste der unüberwindlichen Mauer quer durch Deutschland stehen im Museum. Es wächst in Deutschland und Europa zusammen, was zusammen gehört, unter den weggeräumten Betonsperren auf dem Potsdamer Platz in Berlin tauchen die Reste des alten Straßenpflasters von West nach Ost wieder auf. Auf der Glieniker Brücke, wo sich einst die Agenten und Spione genau in der Mitte trafen, wenn sie ausgetauscht wurden, treffen sich die Badelustigen auf dem Weg ins Wannseebad.

Angst droht Europa in den 90er Jahren zu verändern. Es ist die Angst vor den offenen Grenzen. Es ist die Angst vor Flüchtlingen, dem Homo migrans, dem Einwanderer, der wie eine moderne biblische Heuschrecke die Kaufhäuser des reichen Westens zu plündern sich anschickt, der aus dem Osten kommt und aus dem Süden, heimlich über die grüne Grenze sich nächtens schleicht oder heimtückisch, als blinder Passagier in den Jumbojets des Massentourismus versteckt, auf dem Frankfurter Flughafen landet. Grenzen sollen wieder dichtgemacht werden – gegen Asylsuchende und Aussiedler, Gastarbeiter und nachziehende Familienangehörige, gegen Ausländer schlechthin.

Erstaunt stehen die Deutschen der Tatsache gegenüber, daß Freizügigkeit keine Einbahnstraße ist – daß auch Polen und Russen die Reisefreiheit sich nehmen, daß, wenn Grenzen fallen, die Menschen wandern. Und daß sie auch wandern, wenn die Grenzziehungen auf den Landkarten sie eigentlich davon abhalten sollen.

Scheinbar urplötzlich sind wir mit der Einwanderung vieler tausend Menschen auf unterschiedlichste Weise konfrontiert. Noch gibt es keine Konzepte für die Tatsache, daß mit dem Wegfall des Eisernen Vorhangs quer durch Europa die alte Tradition der Westwanderung wieder aufgenommen wird – aus Osteuropa in die Industriereviere des Westens.

Verunsicherung wächst, weil zu lange verdrängt wurde, was täglich offenkundig ist: Nämlich, daß Deutschland ein Einwanderungsland ist.

Antworten und Erklärungen sind rar.

Seit der rechte Mob die Wohnheime von Asylbewerbern verwüstet und Menschen wie, ja nicht wie Tiere jagt, sondern wie Insekten und die Polizei hilflos zuschaut und manche Bürger jubeln und einzelne Politiker dafür Verständnis haben, seither träumen viele wieder davon, diese Grenzen dicht zu machen, und den Zugang möglichst so streng zu kontrollieren wie früher der Austritt kontrolliert war.

Einwanderung ist kein neues Thema für Deutschland – im Herzen Europas liegend war es immer Durchzugsland und Zielland für Menschen auf der Suche nach einer Zukunft.

Und selbst im vergangenen Jahrhundert, in dem Millionen aus Deutschland Richtung Nordamerika auswanderten, war Deutschland gleichzeitig Einwanderungsland für Zuzügler aus dem Osten Europas.

Nach dem zweiten Weltkrieg strömten über 15 Millionen Menschen aus den deutschen Ostgebieten und der Sowjetischen Besatzungszone in den Westen.

Ihre Integration war noch keinesfalls beendet, da begann eine zweite große Immigrationswelle – die ersten Gastarbeiter wurden angeworben. Mitte der 70er Jahre versuchte die Bundesrepublik energisch, der Einwanderung durch den Anwerbestopp einen Riegel vorzuschieben. Vergebens. Seither hat der Zuzug von Menschen ständig zugenommen.

Denn nicht die Einwanderung an sich ist das Problem, sondern wie wir damit umgehen. Was fehlt, ist das Bewußtsein für die historischen Prozesse und eine angemessene Reaktion in Politik und Gesetzgebung – und in der Sprache, denn wir sind nicht einmal begrifflich in der Lage, die Phänomene der Einwanderung angemessen zu beschreiben. Denn die neue Einwanderungssituation, nach der Massenflucht und Vertreibung infolge des Zweiten Weltkriegs und der Einwanderung von Gastarbeitern ist tiefgestaffelter, weniger einfach zu begreifen und wegen der verflochtenen Ursachen schwer steuerbar.

Vier Problemkreise schneiden sich:

Da ist zunächst die unbewältigte jüngste Vergangenheit der Bundesrepublik:

Längst sind die rund 3 Millionen ehemaligen Gastarbeiter keineswegs mehr nur vorübergehende Besucher. Die ursprüngliche Einwanderungsgeneration wird zahlenmäßig durch ihre in Deutschland geborenen Kinder verdrängt; rund 600 000 Jugendliche leben heute in Deutschland, die hier geboren wurden und deren Eltern als Gastarbeiter kamen. Und längst besucht die dritte Generation Kindergärten und Schulen. Aus Gastarbeitern sind Einheimische geworden. In der Statistik aber zählen sie, obwohl sie hier geboren sind und bestens kölsch oder bayerisch, aber kaum so perfekt die Sprache ihrer Eltern sprechen, als »im Bundesgebiet geborene Ausländer«.

Denn unbewältigt ist immer noch ihre rechtliche Stellung:

Die Kindeskinder von Einwanderern werden rechtlich ausgegrenzt und so behandelt, als suchten sie nur während der Erntesaison vorübergehend Arbeit. Die deutsche Staatsangehörigkeit erhalten sie nur nach einem Hürdenlauf. Solange müssen sie Fremde unter den Deutschen bleiben. Das löst Frustration und Konflikte aus: sie sollen in ihrem Heimatland Deutschland Fremde bleiben und sind in den Heimatländern ihrer Eltern oder Großeltern nie heimisch gewesen. Es entsteht die Gefahr einer »eth-clas-society«, einer Gesellschaft, die ihre Chancen sehr ungleich verteilt und dabei Angehörige einer bestimmten Abstammung extrem benachteiligt.

Ein zweiter Problemkreis entsteht durch das Wiederauftauchen eines Stückes vergessener oder verdrängter Geschichte.

Seit Mitte der 70er Jahre nimmt die Zahl der Aussiedler aus den früheren Ostgebieten rasant zu. Zunächst war Ursache die Devisenknappheit der sozialistischen Regimes wie in Rumänien. Ceaucesco hat seine Bürger gegen harte Westmark ausreisen lassen, und jeder Freigekaufte wurde von deutschen Politikern als Erfolg der Entspannungspolitik gefeiert.

Das Ende des kalten Krieges und die Öffnung der Grenzen hat daraus eine Massenbewegung gemacht, einen Strom, der immer mehr Menschen aus der früheren Sowjetunion, Polen, der Tschechei und Slowakei gegen Westen reißt.

Je mehr weggehen, um so stärker wird der Druck auf die, die eigentlich zurückbleiben wollen, nun doch ihre Koffer zu pakken.

Das antiquierte deutsche Staatsangehörigkeitsrecht macht sie automatisch zu Bundesbürgern, rechtlich und nach ihren Ansprüchen auf soziale Hilfen. Doch von ihrer kulturellen und sozialen Herkunft her sind sie fremd – gerade weil sie sich vielfach in Religion und Lebensform ein Deutschtum bewahrt haben, das der modernen Bundesrepublik fremd ist. Es sind vielfach Mythos-Deutsche, mit einem ebenso verklärten wie romantischen Deutschlandbild, das wenig mit der modernen Gesellschaft zu tun hat: Es gibt sie nicht mehr, die ersehnte Dorflinde, unter der zur Abendzeit ein Lied erklingt.

Die Aussiedler kommen damit aus einer alten Welt, einer Vergangenheit, die die Deutschen bewältigt glaubten. Trotz der vielfachen Förderung und Umwerbung bleiben sie fremde Deutsche, verspottet und diskriminiert als Polacken oder Ruskis. Der Traum, endlich als Deutscher unter Deutschen leben zu können, wird zum Alptraum, und ihre Ansprüche auf Wohnungen und Sprachausbildung erwecken den Neid der Einheimischen. Mangelnde Sprach- und Berufsausbildung könnten ein neues Subproletariat schaffen, das enttäuscht und entmutigt sozialen Sprengstoff darstellt. Obwohl die offizielle Regierungspropaganda sie begrüßt und mit der Formel »Aussiedler sind keine Ausländer« zu umarmen versucht, bleiben sie fremde Deutsche.

Die Not der Dritten Welt und des früheren Ostblocks begründet einen weiteren Problemkreis, den der unbewältigten Gegenwart: Flüchtlinge aus der Dritten Welt und Nordafrika, aber auch der früheren Sowjetunion sind die Antwort auf die zusammenbrechenden sozialen, gesellschaftlichen und wirtschaftlichen Strukturen in ihren Heimatländern. Gelingt es ihnen, individuelle politische Verfolgung nachzuweisen, werden sie als Asylberechtigte anerkannt. Doch auch ohne Anerkennung bleiben die Fluchtursachen – wirtschaftliche Not, Bürgerkriege, Umweltkatastrophen, perspektivlose Zukunft. Und vielfach bleiben die Menschen auch ohne Anerkennung in Deutschland, geschützt durch die großzügigere Genfer Konvention. Die Politik reagierte bisher hilflos, und tatsächlich gibt es keine Patentrezepte, solange die Fluchtursachen bestehen bleiben. Zwar versuchte der frühere Innenminister Wolfgang Schäuble konzeptionell eine Politik zu formulieren, die die Fluchtursachen in den Heimatländern bekämpft und damit, wenn schon nicht sofort Erleichterung bringen, so doch Hoffnung auf Besserung in den Ursprungsländern vermitteln sollte. Doch selbst die reiche Bundesrepublik wäre überfordert, wollte sie tatsächlich weltweit Not und Elend und Unterdrükkung bekämpfen. Zudem fand der an sich richtige Ansatz Schäubles kaum Resonanz. Die Antwort von Politik und Verwaltung auf die Massenflucht besteht im Versuch, das Asylrecht in seinem Kern sowohl im Grundgesetz wie auf der Verwaltungsebene auszuhöhlen, Flüchtlinge abzuschrecken und die Lebensbedingungen der trotzdem angekommenen und verbleibenden Flüchtlinge möglichst zu erschweren: durch kaum zumutbare Wohnbedingungen, Arbeitsverbote, der Verweigerung von Schulunterricht für Kinder und durch tägliche Schikane bis hin zur Gestaltung des Speiseplans. Dabei wird unterschätzt, daß die meisten Flüchtlinge ja kaum freiwillig kommen, und daß derjenige, der um sein Leben fürchten muß, sich auch nicht durch bürokratische Schikane abhalten läßt. Perfekte Grenzkontrollen wiederum würden Deutschland und Europa in der Welt isolieren und gerade den Zustand herstellen, der zu Zeiten des Eisernen Vorhangs bestand. Die bürokratische Schikane und Ausgrenzung von Flüchtlingen hat dazu geführt, daß der Kreis der rechtlich nur widerwillig akzeptierten – oder im Fall der defakto-Flüchtlinge und Illegalen – schutzlosen Bevölkerung am Rande der Gesellschaft wächst: Sie sollen fremd bleiben in Deutschland.

Der vierte Problemkreis ist die noch zu bewältigende europäische Zukunft:

Ab Januar 1993 fallen in Westeuropa die Grenzen zwischen den Staaten der europäischen Gemeinschaft. Das bedeutet nicht nur zollfreien Import von Zigaretten aus Belgien und Wein aus Italien, sondern auch Niederlassungsfreiheit. Keinem Bürger eines anderen EG-Staats kann dann noch der Zuzug verwehrt werden. Und zu dieser Staatengemeinschaft ohne Grenzen wird in wenigen Jahren auch die Türkei zählen. Niederlassungsfreiheit gilt dann auch für die ethnischen Minderheiten in den anderen europäischen Staaten – den Algeriern und Marokkanern in Frankreich, den Indern in England, den Brasilianern und Angolanern in Portugal, den Molukken in Holland.

Es gibt dazu keine Alternative; Krähwinkel und Kleinstaaterei sind keine Optionen für Europas Zukunft.

Angesichts dieser Problemlagen hat die Politik versagt, weil sie die faktische Einwanderungssituation verleugnet hat – dabei kamen die ersten Gastarbeiter schon 1955, und in den 70er Jahren nahm die Zahl sowohl der Aussiedler als auch der Flüchtlinge dramatisch zu. Nötig ist ein neues Selbstverständnis, das diesen Fakten Rechnung trägt: Die Bundesrepublik ist ein Einwanderungsland. Und die Politik muß darauf mit einer Aktion der Einbeziehung und Integration reagieren, weil Ausgrenzung und Abschottung nicht mehr funktionieren. Die vergangenen Jahre waren verlorene Jahre.

Die Politik hat sich darauf beschränkt, zu wiederholen und zu wiederholen, daß Deutschland kein Einwanderungsland sei. Und »auf das massenhafte Auftreten von Schlägerbanden in beiden Teilen Deutschlands hat der Apparat der Repression, von der Polizei bis zu den Gerichten, mit einer bis dahin unerhörten Enthaltsamkeit reagiert. Verhaftungen waren die Ausnahme; wo sie vorgenommen wurden, hat man die Täter so gut wie immer am nächsten Tag auf freien Fuß gesetzt. Bundesanwaltschaft und BKA, einst vor Eifer, Schaden vom deutschen Volk zu wenden, durch die Medien hechelnd, halten still, als hätte man sie in den einstweiligen Ruhestand versetzt. Der Bundesgrenzschutz, der noch vor wenigen Jahren jede zweite Straßenkreuzung besetzt hielt, ist wie vom Erdboden verschluckt«, so Hans Magnus Enzensberger.

Doch selbst wenn Polizei und Gerichte das ihrige tun, die Politik sich eines besseren besinnt, dann werden wir noch lange geduldig dafür werben müssen, damit der Haß auf die neuen Nachbarn, auf die noch Fremden unter uns, wieder verschwindet.

1. KAPITEL

Falsche Begriffe, falsche Zahlen, falsche Weltsicht

>»Meine Hosen bügelt eine Italienerin, meine Hemden eine Jugoslawin, das Gemüse verkauft mir ein Türke, gegessen wird bei uns fast nur italienisch. Ich bitte Sie, München nie wieder als deutsch zu bezeichnen.« (Aus einem Leserbrief an die »Wirtschaftswoche«)

Einwanderungsland Bundesrepublik

Rund 230000 Ausländer leben in München – zu viele? Zu wenige?

Mit einem Ausländeranteil von 21% liegt München nicht an der Spitze deutscher Großstädte, ebensowenig wie Köln und Düsseldorf – Spitzenreiter sind Frankfurt und Offenbach: dort hat jeder vierte keinen deutschen Paß. In Stuttgart formuliert Bürgermeister Manfred Rommel einen schwäbisch-neudeutschen Dialog wie folgt: »Bist du a Schwab? – Noi, i bin a Türk.« Jeder fünfte Stuttgarter jedenfalls ist weder Schwabe noch Deutscher.

Zu viele? Zu wenige?

Die Antwort fällt unterschiedlich aus. Einen »Aufschrei« richtet das Münchner Sozialwerk »Collegium Augustinum« an die Politiker: Weil es in den Krankenhäusern, Pflegeheimen und Sozialstationen nicht mehr genügend deutsche Pfleger für Alte, Kranke, Behinderte und zu Versorgende gibt, müßten sofort Pflegekräfte aus anderen Ländern eingestellt werden – nicht nur aus der Europäischen Gemeinschaft, sondern auch aus der Türkei oder aus asiatischen Ländern. Die

Zeit drängt, so die Heimleitung, die den Politikern ein Wort des Kirchenvaters Augustinus, zur Reue und Umkehr mahnend, mitgab: »Gott versprach deiner Reue Vergebung, nicht aber deiner Saumseligkeit einen neuen Tag.« Mehr Ausländer braucht das Land.

Allein – die Botschaft kommt bei den Politikern nicht an. Seit die rechtsradikale Partei der Republikaner geschickt auf der Klaviatur ausländerfeindlicher Vorurteile spielt, schäumt eine Agitation hoch, die immer lauter wird: Es geht darum, den Zuzug von Ausländern zu begrenzen. Das Boot ist voll, lautet die Antwort der Politiker seit Beginn der 80er Jahre.

»Ausländer: Das Volk hat es satt« und »Exodus erwünscht« titelt suggestiv am 3.5.1982 der »Spiegel«. Und schon 1981, ein Jahr vor der politischen Wende in Bonn, arbeiten die Abgeordneten Alfred Dregger, Carl-Dieter Spranger u. a. für die CDU/CSU-Fraktion im Deutschen Bundestag einen Gesetzentwurf aus, in dem es heißt, daß »... die Aufnahmemöglichkeiten erschöpft sind... Die Eingliederung aller in der Bundesrepublik Deutschland lebenden Ausländer unter Wahrung ihrer vollen nationalen und kulturellen Eigenständigkeit ist weder möglich noch in beiderseitigem Interesse möglich. Die Rolle der Bundesrepublik Deutschland als nationaler Einheitsstaat und Teil einer gespaltenen Nation erlaubt nicht die Einleitung einer unumkehrbaren Entwicklung zum Vielvölkerstaat.« Nach der Wende wird Spranger als Staatssekretär im Innenministerium für die Ausländerpolitik zuständig und versucht, die Forderungen aus der Oppositionszeit in Politik umzusetzen.

Auch die Journalisten bleiben bei der einmal angeschlagenen Tonart: »Wohin?« wirbt 1989 wiederum der »Spiegel« in einer Anzeigenserie für eine Titelgeschichte zum Thema Ausländer, eine unterschwellige Variation der alten Melodie »Das Boot ist voll« – dramatisch verkürzt auf ein einziges Wort. Und völkische Ängste werden geschürt mit der Titelzeile »Im Jahr 2000 ein türkischer Kanzler«. Fremdenhaß und Ausländerfeindlichkeit brodeln hoch.

Doch nicht so sehr die »Türken raus«-Schmierereien, Pöbeleien und Grobheiten der Sprache sind das Problem. Es

Tabelle 1: *Wie viele Ausländer leben in Deutschland?*

Ausländer im Bundesgebiet seit 1960

Jahr	Gesamtzahl in Tsd.	in % der Bevölkerung	sozialversicherungspflichtig beschäftigte Ausländer in Tsd.	in %
1960	686,2	1,2	279,0	40,7
1968	1924,2	3,2	1089,9	56,6
1969	2381,1	3,9	1372,1	57,6
1970	2976,5	4,9	1948,9	65,0
1971	3438,7	5,6	2240,7	65,2
1972	3526,6	5,7	2352,3	66,7
1973	3966,2	6,4	2595,0	65,0
1974	4127,4	6,7	2286,6	55,4
1975	4089,6	6,6	2038,7	49,9
1976	3948,3	6,4	1920,8	48,6
1977	3948,3	6,4	1869,4	47,3
1978	3981,1	6,5	1864,1	46,8
1979	4146,8	6,7	1937,4	46,7
1980	4453,3	7,2	2071,7	45,2
1981	4629,8	7,5	1929,7	41,0
1982	4666,9	7,6	1808,0	38,0
1983	4534,9	7,4	1713,6	37,7
1984	4146,8	7,1	1592,6	38,8
1985	4378,9	7,1	1536,0	35,1
1986	4512,7	7,4	1591,0	34,2
1987	4240,5	6,9	1588,9	38,3
1988	4489,1	7,3	1624,1	36,2
1989	4845,8	7,7	1689,3	34,9
1990[1]	5342,5	8,2	1782,6	33,3
1991	5882,3	8,3	1898,5	32,2

1) Ab 1990 gesamtdeutsches Ergebnis

Quelle: Statistisches Bundesamt

sind vielmehr eine weitverbreitete Fremdenangst und Ausländerfeindlichkeit, die in der Bundesrepublik umgehen und sich auch in den Zirkeln der Intellektuellen einschleichen – wenn auch dort eleganter und weniger direkt geäußert. Es ist geradezu paradox: Immer neue Reiserekorde stellen die Deutschen auf – immer weiter, länger, häufiger fliegen und fahren sie ins Ausland. 141 Millionen Ausländer wiederum überqueren jährlich die deutschen Grenzen. Die deutsche Politik bemüht sich darum, Grenzzäune wegzuräumen. In der Europäischen Gemeinschaft soll bis zur Vollendung des Binnenmarktes 1992 auch für Menschen (nicht nur für Unternehmen und Kapital!) die volle Freizügigkeit hergestellt werden. Die Ostpolitik soll den Eisernen Vorhang durchlöchern und das Überqueren der weltanschaulichen Systemgrenzen ermöglichen. Die Öffnung der Mauer am 9. November 1989 und die sich anbahnende Wiedervereinigung werden bejubelt und zu Recht als politisches Jahrhundertereignis gefeiert. Zu diesen Zielen bekennen sich alle Parteien – und auch ein großer Teil der Bürger. Und doch wird eine unheimliche Feindlichkeit gegen alle, die anders, die nicht deutsch sind, sichtbar. Sie gerinnt in der Politik zu einer neuen Lebenslüge: »Die Bundesrepublik ist kein Einwanderungsland«, so übereinstimmend die Maxime der Ausländerpolitik von Helmut Schmidt bis Helmut Kohl.

Auf diese Formel verständigen sich alle Parteien mit Ausnahme der Grünen und der Republikaner (wenn auch aus jeweils unterschiedlichen Gründen): Sie findet sich in den Grundsatzerklärungen der sozial-liberalen Koalition zu Ende der 70er Jahre. Die bürgerlich-liberale Koalition übernimmt diese Formel unverändert in der Regierungserklärung Helmut Kohls. Die bayerische CSU, immer darauf bedacht, der Bonner Politik noch eins draufzusetzen, überlegt, die bayerische Verfassung zu erweitern: Bayern ist kein Einwanderungsland, soll Verfassungsgrundsatz werden.

Doch das Gegenteil ist wahr: Längst ist die Bundesrepublik ein Einwanderungsland: 5,8 Millionen Ausländer leben in deutschen Städten und Dörfern, rund 8,3 % der Gesamtbevölkerung. Doch diese Zahlen gelangen nicht in das Bewußtsein derjenigen, die just zu dieser Zeit die Überfremdungstheorie in Wahlkampfslogans umsetzen. Erstaunlich dabei ist, daß in der DDR mit den bisher wenigen Ausländern die Feindseligkeit noch viel größer ist als in der Bundesrepublik. Gewöhnung an das Fremde schafft neue Freunde.

1,6 Millionen Ausländer arbeiten in deutschen Fabriken und Büros oder betreiben eigene Geschäfte, Unternehmen und Betriebe. Sie aus dem Wirtschafts- und Sozialleben als

Tabelle 2: *Woher kamen die Ausländer in der Bundesrepublik und der DDR?*

Ausländische Wohnbevölkerung nach ausgewählten Staatsangehörigkeiten am 31. Dezember

Staats-angehörigkeit	1985 Absolut	%[1]	1989 Absolut	%[1]	1991 Absolut	%[1]		DDR (31. 12. 1989)	Neue Länder (31. 12. 1992)
EG-Staaten insgesamt	1126766	25,7	1325400	27,3	1483766	25,2			
Griechenland	280614	6,4	293649	6	336893	5,7	Vietnam	60067	26474
Italien	531338	12,1	518584	11	560090	9,5	Polen	51743	31970
Jugoslawien	591001	13,5	610499	12,6	775982	13,2	Moçambique	15413	4342
Marokko	48132	1,1	61848	1,2	75145	1,3	UdSSR/GUS	14885	16263
Portugal	77046	1,8	74890	1,5	92990	1,6	Kuba	7999	2322
Spanien	152781	3,5	176963	3,6	135234	2,3	Bulgarien	4939	5131
Türkei	1401932	32,0	1612623	33,3	1779500	30,3			
Tunesien	23168	0,5	24292	0,5	27205	0,5			
Sonstige	958116	21,9	1412534	29,1	1741562				
Insgesamt	4378942		4845800		5882260		Ausländer insges.	191190	119304

1) Anteil an der Gesamtzahl der ausländischen Wohnbevölkerung

Quelle: Statistisches Bundesamt

Mitbürger, Produzenten und Konsumenten herauszureißen ist undenkbar und hätte unabsehbare Folgen. Dazu kommt noch: Auch wenn der CDU-Fraktionsvorsitzende Alfred Dregger ihnen den Rang von Mitbürgern abspricht und sie nur als Gäste sehen will – Gäste sind die Gastarbeiter längst nicht mehr. Dafür leben sie schon zu lange hier: Zwei Drittel leben schon mehr als zehn Jahre in Deutschland (vgl. Tabelle unten). 20 % sind bereits in der Bundesrepublik geboren – in deutschen Krankenhäusern –, sie sind in deutschen Kindergärten aufgewachsen, in deutschen Schulen erzogen.

Tabelle 3: *Wie lange leben die Ausländer in der Bundesrepublik?*

	1990
bis 4 Jahre	22 %
4 bis 10 Jahre	16,6 %
10 bis 20 Jahre	36,5 %
länger als 20 Jahre	23,8 %

Quelle: Statistisches Bundesamt, Stand 30. 9. 1990

Man könnte das Ganze auch von einer anderen Seite sehen: Vor dem Hintergrund der niedrigen Geburtenrate in Deutschland und der schnell sinkenden Bevölkerungszahl wird die Zahl der Ausländer in der Bundesrepublik in den nächsten Jahrzehnten noch zunehmen müssen. Die derzeitige Ausländerbevölkerung konnte den deutschen Bevölkerungsrückgang seit 1970 gerade ausgleichen. Spätestens dann, wenn in den ersten Jahrzehnten des kommenden Jahrtausends die Zahl der Bundesbürger von derzeit rund 60 Millionen auf 40 Millionen absinkt, wird es unvermeidlich sein, zusätzliche ausländische Arbeitskräfte ins Land zu holen. Die Vorstellung, daß die Bundesrepublik zu einem Land mit schrumpfender und vergreisender Bevölkerung wird, einem Land der verfallenden Infrastruktur, der verlassenen Städte und Dörfer, in dem Automaten die Pflege der Alten übernehmen – diese Vorstellung ist absurd angesichts der weltweiten Bevölkerungsexplosion und eines riesigen Heeres von Arbeitslosen, die gerne jede Art von Arbeit verrichten würden, die es in der Bundesrepublik gibt und für die hier wiederum die Arbeitskräfte fehlen werden. Nur kurzfristig schaffen die Übersiedler aus Berlin, Magdeburg oder Leipzig Entlastung: In der DDR bleiben die Alten und Hilflosen zurück – eine gesamtdeutsche Verantwortung kann dies nicht hinnehmen.

Daß man sich vormacht, die Bundesrepublik sei kein Einwanderungsland, verhindert eine rationale Politik, die sich mit diesen Tatsachen auseinandersetzt und sie gestaltet

– mit der Tatsache, daß Millionen faktisch die Bundesrepublik als Einwanderungsland erkoren haben und dort bleiben wollen;

– mit der Tatsache, daß sich die Bundesrepublik nicht von den weltweiten Bevölkerungsströmen abschotten kann – es ist noch nie gelungen, die Grenzen dichtzumachen;

– und nicht zuletzt mit der Tatsache, daß die Bundesrepublik ohne ihre Einwanderer ein niedrigeres Niveau an Wohlstand und Einkommen aufweisen würde: Nicht weniger, sondern mehr Arbeitslosigkeit entstünde, käme es zu dem von vielen erwünschten Exodus der Ausländer, wie in den Folgekapiteln gezeigt werden wird.

Weil die Politik aber diese Tatsachen nicht anerkennen will, gerät sie in eine Zwickmühle: Sie verspricht mit einer Begrenzung des Ausländerzuzugs etwas, was sie nicht halten kann, und macht sich dadurch bei ihren Wählern unglaubwürdig. Kein Wunder, daß viele Wähler die Einlösung dieser Forderungen dann von politisch radikalen Gruppierungen erhoffen.

Der Nationalstaat – Hindernis auf dem Weg in die multikulturelle Gesellschaft

Mit Begriffen benennen wir Zusammenhänge, um die komplexe und abstrakte Realität verstehen und ordnen zu können. Widersprüche entstehen, wenn die Begriffswelt nicht Schritt hält mit der tatsächlichen Entwicklung. Gerade in der Ausländerpolitik aber orientiert sich die Diskussion an längst überholten Begriffen aus der historischen Mottenkiste – um dadurch in Widerspruch zur Realität zu geraten.

Überfremdungsängste entstehen, weil Politiker und Medien an der Fiktion des Nationalstaats festhalten. Der Nationalstaat aber konstituiert sich gerade durch die Abgrenzung von anderen Nationen. Die Welt wird eingeteilt in miteinander konkurrierende Nationen, und das Überlebensrecht der eigenen Nation ist oberstes Prinzip. Um sich von anderen abgrenzen zu können, braucht der Nationalstaat Einheitlichkeit – Einheitlichkeit etwa der Religion, der Rasse, der Sprache, des Volkes. Eine homogene Staatsbevölkerung läßt sich leichter regieren als eine heterogene. Die Nation wird zur Schicksalsgemeinschaft stilisiert, und die Identifikation mit der Nation bringt den Bürger dazu, seinem Staat auch höchste Opfer zu bringen: right or wrong, my country. Kulturelle Identität (etwa der Sprache, der Religion und der Wertvorstellungen) wird mit nationaler Identität verknüpft, um den Bürger an den Staat zu binden. Jeder Fremde stört die gewollte Homogenität, verwischt die selbstgezogene Grenze der Nation zu ihren Nachbarn. Die Zugehörigkeit zu dieser so geschaffenen Nation ist nicht teilbar und nicht übertragbar. Wer trotzdem zu ihr stoßen, bei ihr aufgenommen werden will, nimmt ein Gnadenrecht in Anspruch, und das ist von vornherein auf wenige begrenzt. Der Nationalpaß wird zum Druckmittel: Die Nichtverlängerung für den unbotmäßigen Bürger und damit die Beendigung seiner Reisemöglichkeit gibt dem Staat die Möglichkeit, seine Angehörigen zur Erfüllung vaterländischer Pflichten anzuhalten. So war bis vor kurzem in der DDR der Reisepaß ein Belohnungsmittel für sozialistisches Wohlverhalten.

Wer den Paß eines anderen Landes erwerben will, muß seine Treue zu den neuen Behörden auf vielerlei Arten beweisen. Ganz bewußt steht vor der Einbürgerung unter die Deutschen eine Art Hindernisrennen – wer diese Mühen auf sich nimmt, so die offizielle Lesart, hat damit ein Bekenntnis zur deutschen Nation abgelegt.

Wie willkürlich diese Einteilung der Welt in Nationalstaaten ist, zeigt schon, daß es unterschiedliche Grundtypen gibt: etwa die Geschichtsnation, die durch eine beliebige Grenzziehung entstanden ist und Menschen unterschiedlichster Herkunft, der Rasse oder des Stammes, zusammenwürfelt. Die klassische Geschichtsnation ist die Schweiz – hervorgegangen aus dem helvetischen Staat Napoleons und der Wiener Konferenz von 1815. Französisch, deutsch, italienisch und rätoromanisch sprechende Bürger bilden seither eine Nation, die ihre Staatsbürgerschaft vererbt – wobei allenfalls ein üppiges Bankkonto den Beitritt erleichtern kann. Geschichtsnationen sind heute die meisten Nationen Afrikas und Asiens – häufig genug aus der willkürlichen Grenzziehung von Offizieren der Kolonialmächte entstanden, die malariakrank mit fiebriger Hand die Landkarte aufteilten. In den daraus hervorgegangenen Gebilden werden in wahren Blutbädern Nationen homogenisiert und aus der Vielfalt Einheitsstaatsbürger konstruiert. Die Nation entsteht aus dem Abschlachten ethnischer, religiöser, sprachlicher oder kultureller Minderheiten. Doch so weit ist Deutschland davon gar nicht entfernt – allenfalls im Prozeß schon weiter fortgeschritten: vom Sachsenschlachten Kaiser Karls bis zu Hitlers »Endlösung«.

»Unter den verschiedenen Grundtypen des Nationalismus, dem Sprach- und Kulturnationalismus, dem religiösen Nationalismus, dem Geschichtsnationalismus und dem ethnisch-völkischen Nationalismus ist der letztere die borniertste, im Wortsinn die beschränkteste Form des Nationalismus. Der ethnisch-völkische Nationalismus akzeptiert als vollwertige Staatsbürger nur die Angehörigen des eigenen Volkes. Die Zugehörigkeit zum Staatsvolk wird durch Abstammung, durch das ›richtige Blut‹ begründet. Damit ist im ethnischen Nationalismus eine rassistische Komponente angelegt. Sein politisches Grundpostulat ist die Einheit von Volk und politischer Nation«, schreibt der Freiburger Staatsrechtler Dieter Oberndörfer. Von eben diesem ethnisch-völkischen Nationalismus aber ist die deutsche Geschichte bis zur Gegenwart geprägt – vom völkischen Nationalismus ist damit auch die deutsche Ausländerpolitik bestimmt, mit perversen Folgen:

Türken in Deutschland sind Fremdkörper, nicht zur Nation gehörig, weil schwarzhaarig, moslemischen Glaubens, nur selten blauäugig und des Deutschen nicht immer mächtig. Selbst wenn sie hier geboren sind, gesellschaftlich assimiliert

24

Tabelle 4: *Wie viele in der Bundesrepublik geborene Ausländer gibt es?*

Staatsange-hörigkeit	Ausländer unter 16 Jahren insgesamt	davon geboren			
		im Bundesgebiet		außerhalb	
		Anzahl	Anteil %	Anzahl	Anteil %
insgesamt	1 032 044	712 155	69,0	319 889	31,0
davon:					
Griechenland	57 193	47 385	82,9	9 808	17,1
Italien	112 398	84 106	74,8	28 292	25,2
Jugoslawien	126 491	94 613	74,8	31 878	25,2
Portugal	16 011	12 317	76,9	3 694	23,1
Spanien	23 099	19 054	82,5	4 045	17,5
Türkei	479 812	357 394	74,5	122 418	25,5
Marokko	21 589	12 435	57,6	9 154	42,4
Tunesien	7 968	7 030	88,2	938	11,8

Quelle: Statistisches Bundesamt, 1988.

und deutsch geprägt – sie bleiben staatsrechtlich Ausländer. Sie sind vom falschen Blute, und dieser Makel ist nicht durch den Aufenthalt und das Zusammenleben heilbar.

Daß Deutscher nur sein kann, wer von deutschem Blute ist – diese Regelung ist fast einmalig auf der Welt. Beispiel USA: Wer dort geboren ist, wird Amerikaner, hat das Recht, das höchste Amt dieser Gesellschaft zu erwerben. Michael Dukakis, Grieche der zweiten Generation, wird Präsidentschaftskandidat der Demokraten. Henry Kissinger, in Fürth bei Nürnberg geboren und mit 16 in die USA ausgewandert, wird ihr langjähriger Außenminister. Dem in Gelsenkirchen oder Hamburg oder München geborenen deutschen Türken oder Griechen wird schon das Wahlrecht auf Gemeindeebene verwehrt – und die Forderung danach ist ein »Anschlag auf das Grundgesetz«, so messerscharf der frühere Innenminister Friedrich Zimmermann.

Beispiel Frankreich: Auch in Marseille oder Lyon oder Paris geborene ausländische Jugendliche erwerben automatisch die französische Staatsbürgerschaft. In Frankreich erhalten dort geborene Ausländer mit 18 Jahren automatisch die französische Staatsbürgerschaft – eine Regelung, die vor allem den 800 000 Portugiesen und mehr als 600 000 Marokkanern zugute kommt. 20 000 französische Pässe werden so jährlich ausgegeben – zuzüglich einer hohen Zahl von Pässen für Algerier, die von Geburt an Franzosen sind.

Ähnlich Schweden: »Sprachkenntnisse und erkennbare Integrationsleistungen werden nicht gefordert. Der Antrag auf Einbürgerung kann bereits nach fünfjährigem Aufenthalt gestellt werden.« Großbritannien gibt an die Bewohner seiner Exkolonien oft sofort Pässe aus und integriert Flüchtlinge vergleichsweise schnell. Fünf Jahre Aufenthalt in Frankreich, Schweden, den Niederlanden oder England genügen, um die Staatsbürgerschaft zu erwerben. Die Bundesrepublik und die Schweiz, so die Ausländerbeauftragte der Bundesregierung, Liselotte Funke, weisen die umständlichsten und schwersten Bedingungen der Einbürgerung auf.

Das hat Tradition: So konnten schon Ende des vergangenen Jahrhunderts islamische Neger des Senegals französische Staatsbürger werden. Kinder aus den Ehen deutscher Siedler mit einheimischen Frauen in den reichsdeutschen Kolonien Afrikas konnten dagegen keine Deutschen werden – für sie prägen die damaligen Reichstagsabgeordneten den schönen Begriff »Bastarde«. Ihnen fehlt die Reinheit des deutschen Blutes.

Wie schwer es ist, Deutscher zu werden

Einbürgerung ist nur im Ermessenswege der Ausländerbehörden möglich. Sie soll »nach allgemein politischen, wirtschaftlichen und kulturellen Gesichtspunkten erwünscht« sein, so die Vorschrift, und als Gebühr ist ein Monatseinkommen fällig. Vorausgesetzt wird ein Inlandsaufenthalt von in der Regel mindestens zehn, bei Asylberechtigten von sieben Jahren. Selbst Ausländer, die mit einem deutschen Partner verheiratet sind, müssen mindestens fünf Jahre hier leben. Andere wichtige Voraussetzungen sind deutsche Sprachkenntnisse, Unbescholtenheit, eigene Wohnung und Unterhalt, einheitliche Staatszugehörigkeit in der Familie sowie Freistellung von der Staatsangehörigkeit des Herkunftslandes. Eine eigene Woh-

nung wird verlangt und, wenn sie nach der Ermessensentscheidung den Beamten zu klein dünkt, als Einbürgerungs-Verhinderungsmittel mißbraucht. Wer keinen deutschen Paß besitzt,
rangiert in der Reihe der Arbeitsplatz- und Wohnungssuchenden ganz hinten. Wer aber schlecht verdient und auf dem Wohnungsmarkt diskriminiert wird, kann kein Deutscher werden.

»Der Vergleich zeigt, daß in der Bundesrepublik Deutschland die Einbürgerungsvoraussetzungen schwerer zu erfüllen
sind als in den meisten anderen verglichenen Ländern«,
schreibt die Ausländerbeauftragte. »Insbesondere fehlen Erleichterungen für in der Bundesrepublik Deutschland geborene oder überwiegend aufgewachsene ausländische Jugendliche.«

Diese rigiden Maßnahmen aber blasen die Ausländerzahlen im internationalen Vergleich auf und suggerieren ein
Problem, das durch ein entsprechendes Ausländer-Einbürgerungsrecht schnell zu lösen wäre.

Der Ausländeranteil beträgt in

– Luxemburg 26,5 %
– der Schweiz 15 % (mit Saisonarbeitern 25 %)
– Belgien 8,6 %
– Frankreich 8 %
– der Bundesrepublik 7 %
– Schweden 4,6 %
– England 4,5 %
– Österreich 3,9 %
– Holland 3,8 %.

Schon diese Zahlen relativieren die Angst vor Überfremdung. Legt man die Regelungen anderer großer demokratischer Nationen zugrunde, reduziert sich das vermeintliche
Ausländerproblem der Bundesrepublik weiter: Nach französischem Staatsbürgerrecht würden rund 840 000 hier geborene jugendliche Ausländer aus dieser Rubrik herausfallen und
zu Deutschen werden. Würde man schwedische oder französische Verfahren der Einbürgerung in Deutschland anwenden,
würden auf Anhieb über 70 % der Ausländer einen deutschen
Paß erhalten, denn sie leben schon länger als fünf Jahre hier,

Tabelle 5: *Wo wohnen die Ausländer hauptsächlich?*

Städte mit hohem Ausländeranteil
am 30. 9. 1990

Städte	Bevölkerung in 1000	Ausländer in 1000	Ausländer in %	darunter in 1000			
				Türken	Jugoslawen	Italiener	Griechen
Offenbach a. M.	114,7	26,9	23,5	4,4	4,4	4,2	3,6
Frankfurt a. M.	644,6	150,9	23,4	30,4	27,7	16,7	8,7
München	1231,0	259,0	21,0	45,3	56,1	23,8	22,7
Stuttgart	579,0	115,6	20,0	22,1	28,8	16,4	15,8
Mannheim	309,4	53,7	17,4	17,3	6,6	8,4	3,2
Köln	952,5	159,4	16,7	68,4	11,3	20,4	7,5
Düsseldorf	575,6	91,1	15,8	15,1	13,9	7,1	9,5
Ludwigshafen a. R.	162,0	24,8	15,3	7,7	3,2	5,6	2,8
Remscheid	123,1	18,6	15,1	6,9	2,6	3,6	0,3
Duisburg	534,8	78,5	14,7	45,9	7,6	4,2	1,9
Berlin (West)	2151,1	312,2	14,5	120,8	31,7	8,3	8,7
Heilbronn	115,9	16,4	14,2	6,9	2,7	2,6	1,0
Nürnberg	493,2	67,3	13,6	20,7	10,1	7,0	9,2
Augsburg	255,9	34,6	13,5	15,0	6,1	3,7	2,0
Pforzheim	112,6	15,0	13,3	4,5	2,5	3,7	0,4
Wiesbaden	259,6	34,0	13,1	9,4	3,3	4,2	3,0
Solingen	165,3	21,1	12,8	7,0	2,1	6,6	1,4
Mainz	178,9	22,5	12,6	5,2	2,8	4,5	0,6
Darmstadt	138,9	17,1	12,3	3,8	1,9	2,6	1,0
Aachen	240,7	29,3	12,2	7,1	3,3	0,8	1,9
Krefeld	243,5	29,5	12,1	12,2	2,1	3,2	2,4

Hamburg	1646,8	194,5	11,8	58,4	22,2	7,4	7,9
Gelsenkirchen	293,3	34,5	11,8	22,4	2,4	1,7	0,5
Wuppertal	382,8	45,2	11,8	12,9	5,4	6,8	6,4
Hagen	214,4	25,1	11,7	8,5	2,7	3,7	3,5
Bonn	291,2	33,0	11,3	4,9	1,7	2,0	1,0
Hannover	511,0	56,0	11,0	20,4	6,1	3,0	5,0
Herne	178,0	18,9	10,6	11,2	0,9	1,0	1,1
Karlsruhe	273,7	28,7	10,5	5,9	5,1	4,5	0,9
Bielefeld	318,2	33,1	10,4	15,3	4,8	1,3	3,3
Heidelberg	135,7	14,0	10,3	3,2	0,9	1,1	0,6
Leverkusen	160,7	16,4	10,2	3,9	3,3	2,8	1,6
Bremen	551,3	52,5	9,5	22,2	3,2	1,4	1,1
Dortmund	598,8	56,7	9,5	22,5	6,9	3,2	3,7
Wolfsburg	128,5	11,1	8,6	0,4	0,3	7,2	0,2
Hamm	178,7	15,7	8,8	10,0	1,6	0,5	0,2
Salzgitter	114,1	9,7	8,5	6,5	0,5	0,6	0,2
Osnabrück	163,1	12,0	7,4	3,7	1,5	0,6	0,1

Quelle: Statistisches Bundesamt, 1992

vielfach wesentlich länger. Sicher, diese Rechnung darf nicht milchmädchenhaft aufgestellt werden, denn viele der Ausländer würden auch bei einer liberaleren Möglichkeit darauf verzichten, Deutsche im Sinne des Grundgesetzes zu werden – sie fühlen sich ihrer Ursprungsnation zugehörig. Doch die Modellrechnung zeigt, daß der hohe Ausländeranteil in der Bundesrepublik nur Reflex einer – mit Ausnahme der Schweiz – in Europa einzigartigen rassisch-nationalen Staatsideologie ist.

Wohl dem, der »Volkszugehöriger« ist

Diese Staatsideologie wiederum begünstigt andere – jene, die vorgegebenermaßen oder tatsächlich deutschen Blutes sind, was immer das sein mag: Aussiedler aus den deutschen Ostgebieten der Vorkriegszeit werden automatisch beim Überschreiten der bundesdeutschen Grenzen mit dem begehrten Papier ausgestattet – obwohl sie keine Verbindung mit diesem Land haben, nicht hier geboren sind, seine Sprache nicht sprechen, seine Mentalität nicht verstehen. Im Grundgesetz heißt es: »Deutscher im Sinne dieses Grundgesetzes ist vorbehaltlich anderweitiger gesetzlicher Regelungen, wer die deutsche Staatsangehörigkeit besitzt oder als Flüchtling oder Vertriebener deutscher Volkszugehörigkeit oder als dessen Ehegatte oder Abkömmling in dem Gebiet des Deutschen Reiches nach dem Stande vom 31. Dezember 1937 Aufnahme gefunden hat.« Tief gestaffelt sind juristische Fallen und Feinheiten und darauf basierende Rechtsansprüche, wenn es um die »Volkszugehörigen« geht:

Die politische Sprengkraft liegt in der »anderweitigen gesetzlichen Regelung« des Bundesvertriebenengesetzes von 1953, das die Begriffe des Grundgesetzes »Flüchtlinge« und »Vertriebene« definiert und fast unbemerkt erweitert hat – mit erheblichen Folgen für die Gegenwart. Danach sind unter *Flüchtlingen* »nur Sowjet-Zonen-Flüchtlinge zu verstehen, die deutsche Staatsangehörige oder Volkszugehörige sind und die sich einer nicht zu vertretenden, durch die politischen Verhältnisse der sowjetischen Besatzungszone bedingten Zwangslage durch die Flucht entzogen haben«.

Vertriebene sind Personen, »die als deutsche Staatsangehörige oder Volkszugehörige ihren Wohnsitz in den zur Zeit unter fremder Verwaltung stehenden deutschen Ostgebieten oder in den Gebieten außerhalb des Deutschen Reiches nach dem Stand vom 31.12.1937 im Zusammenhang mit den Ereignissen des Zweiten Weltkriegs infolge Vertreibung, insbesondere durch Ausweisung oder Flucht verloren haben«.

Umsiedler sind deutsche Staatsangehörige oder Volkszugehörige, die von der Wehrmacht umgesiedelt wurden – soweit das Bundesvertriebenengesetz.

Übersiedler sind Personen, die mit Genehmigung der dortigen Behörden die DDR verlassen haben und in das Bundesgebiet zugezogen sind.

Sperrbrecher wiederum haben die DDR oder die ČSSR unter Gefahr für Leib und Leben verlassen.

Notwendig war diese Unterscheidung zwischen Deutschen mit deutscher Staatsangehörigkeit und solchen, die deutscher Volkszugehörigkeit sind und jederzeit einen deutschen Paß beantragen können, durch das allgemeine Chaos der Nachkriegszeit: Flucht, Vertreibung, Umsiedlung und neue Grenzen in Osteuropa führten dazu, daß es am Ende des Weltkriegs Millionen von Menschen in der entstehenden Bundesrepublik gab, deren Staatsangehörigkeit unklar war. Mit der großzügigen Regelung des Grundgesetzes wurden sie rechtlich einfach den Einheimischen gleichgestellt – sonst wäre die Aufnahme und Integration von 12 Millionen Flüchtlingen unmöglich gewesen.

Doch Flucht und Vertreibung infolge des Zweiten Weltkriegs liegen mehr als vierzig Jahre zurück und damit auch die Notwendigkeit einer Regelung, wie sie die Väter des Grundgesetzes getroffen haben – wäre da nicht das Bundesvertriebenengesetz von 1953: Es ist so gehalten, daß es die zeitlich eingeschränkte Geltungsdauer des Grundgesetzes in die Gegenwart verlängert: *Aussiedler* sind nach § 1 Absatz 2 Nummer 3 BVFG »deutsche Staatsangehörige oder Volkszugehörige, die vor dem 8. Mai 1945 ihren Wohnsitz in den zur Zeit unter fremder Verwaltung stehenden deutschen Ostgebieten bzw. in Polen, der Sowjetunion, der Tschechoslowakei, Ungarn, Rumänien, Jugoslawien, Danzig, Estland, Lettland, Litauen, Bulgarien, Albanien oder China gehabt und diese Länder *nach Abschluß der allgemeinen Vertreibungsmaßnahmen verlassen haben oder verlassen*«. Mit dieser Formulierung wird der Begriff des Flüchtlings, wie ihn das Grundgesetz formulierte, bis in die Gegenwart verlängert: Auch nach der Vertreibung, ohne Verfolgung und ausgestattet mit einem polnischen oder russischen Paß und allen Bürgerrechten seiner Herkunftsgesellschaft kann man sich noch als Flüchtling deklarieren und sich unter den Schutz des Grundgesetzes stellen. Aber das Bundesvertriebenengesetz geht noch weiter: Im § 6 definiert es den Begriff der »Volkszugehörigkeit«. Danach ist deutscher Volkszugehöriger, »wer sich in seiner Heimat zum deutschen Volkstum bekannt hat, sofern dieses Bekenntnis durch bestimmte Merkmale wie Abstammung, Sprache, Erziehung, Kultur bestätigt wird«. Damit wird das Grundgesetz noch einmal erweitert: Selbst die »Abkömmlinge«, so das Bundespresseamt, gelten noch als Flüchtlinge, auch wenn schon ihre Eltern nicht fliehen mußten. Aktuelle Bedeutung gewinnt diese Definition im Zusammenhang mit dem noch immer gültigen »Reichs- und Staatsangehörigkeitsgesetz« von 1913: Ein deutscher Volkszugehöriger (der lediglich den Ansprüchen des Bundesvertriebenengesetzes genügen muß) hat danach jederzeit einen Rechtsanspruch auf Einbürgerung, auch wenn er eigentlich eine andere Staatsangehörigkeit besitzt.

Die Kombination des Bundesvertriebenengesetzes, das das Grundgesetz inhaltlich erweitert, mit dem Reichs- und Staatsangehörigkeitsgesetz aus dem Wilhelminischen Zeitalter bildet die rechtliche Grundlage dafür, daß Millionen von Menschen, die in Polen und Rußland und anderswo leben, plötzlich die deutsche Staatsbürgerschaft beantragen können: Sie alle sind »Volkszugehörige«. Klar ist: Nicht das Grundgesetz definiert Aussiedler als Deutsche, sondern einfache Gesetze, die zum Teil noch aus vordemokratischer Zeit stammen. Trotzdem behauptet das Bundespresseamt in einem sogenannten »Chefredakteursbrief« von Ende 1988: »Aussiedler sind Deutsche, und zwar im Sinne von Artikel 116 Grundgesetz.« Weil aber das Grundgesetz nur mit einer Zweidrittelmehrheit im Bundestag zu ändern sei, sei auch die Rechtslage faktisch nicht zu ändern: eine Aussage, die schlichtweg falsch ist. Es genügt die einfache Mehrheit, sowohl um das Bundesvertriebenengesetz als auch um das Reichs- und Staatsangehörigkeitsgesetz zu ändern. Mag der Rückgriff des Grundgesetzes, zeitlich und räumlich beschränkt, auf die »Volkszugehörigkeit« noch sinnvoll gewesen sein – je länger das Ende des Zweiten Weltkriegs und die daraus herrührende Flucht und Vertreibung zurückliegen, um so fragwürdiger wird dieser Rückgriff auf die ominöse »Volkszugehörigkeit«.

Die sich daraus ergebende politische Bewertung bringt immer mehr Spannungen mit sich – noch einmal Dieter Oberndörfer: »Warum werden Volksdeutsche, deren Vorfahren vor vielen Jahren oder möglicherweise gar vor Jahrhunderten aus dem alten ersten Römischen Reich nach Osteuropa, dem Balkan oder Rußland auswanderten, bevorzugt? Warum wird nicht wie in anderen Republiken auch nichtdeutschen Einwanderern oder Flüchtlingen die Möglichkeit der Einwanderung und der Einbürgerung gewährt? Wenn es um Wiedergutmachung nationalsozialistischen Unrechts ging: Warum nicht auch Wiedergutmachung für Menschen aus Ost- und Südosteuropa?«

Die menschlich großzügige Regelung des Grundgesetzes droht zum Instrument eines rassischen Nationalismus zu degenerieren, wenn man der Frage nachgeht, wie denn 1989 oder 1990 die deutsche Volkszugehörigkeit faktisch festgestellt wird: Da werden Wehrmachtslisten zugrunde gelegt – und die Volkslisten der Nazis, die diese nach ihren Eroberungsfeldzügen anlegten, um »rassisch Deutsche« von anderen Menschen zu trennen, die vielfach in die Vernichtungslager transportiert wurden. Diese Akten und Todeslisten lagern heute im Berliner Document Center unter Alliierten-Aufsicht – und hier fragen deutsche Behörden nach, wenn es um die Überprüfung der Deutschstämmigkeit von Aussiedlern geht.

Ein Dokument also, das die Mitgliedschaft in der SS nachweist, kann heute noch den begehrten Anspruch auf die deutsche Staatsbürgerschaft begründen. Und auf einer solchen, wie man weiß, rein rassistischen SS-Definition baut das deutsche Staatsbürgerrecht auf!

Unbeantwortet bleibt andererseits die Frage von Oskar Lafontaine, was passieren würde, sollten die Nachkommen von Millionen deutscher Auswanderer nach Nord- und Südamerika sich plötzlich ihrer Blutsverwandtschaft bedienen wollen.

Dem Schlußstrich oder auch nur einer rationalen Diskussion darüber steht der Artikel 116 Grundgesetz entgegen, der auf die deutsche Volkszugehörigkeit zurückgreift – die Verfassungsväter ahnten nicht, welche Irritationen ihr Rückgriff auf das »deutsche Blut« Ende der 80er Jahre erzeugen würde: Die Übersiedler (aus der DDR) und die Aussiedler kommen. Im Amtsdeutsch sind Aussiedler »Staatsangehörige oder Volkszugehörige, die vor dem 8. Mai 1945 ihren Wohnsitz in den zur Zeit unter fremder Verwaltung stehenden deutschen Ostgebieten bzw. in Polen, der Sowjetunion, der Tschechoslowakei, Ungarn, Rumänien, Jugoslawien, Danzig, Estland, Lettland, Litauen, Bulgarien, Albanien oder China (!) gehabt und diese Länder nach Abschluß der allgemeinen Vertreibungsmaßnahmen verlassen haben oder verlassen«.

Mit den Aussiedlern und Übersiedlern stellt die Bonner Ausländerpolitik sich selbst endgültig auf den Kopf:

Sie alle sind »Deutsche wie wir«, so FDP-Chef Otto Graf Lambsdorff, ein »Gewinn für unser Land«, so Bundeskanzler Helmut Kohl, sie helfen, »die Renten zu sichern«, so Arbeitsminister Norbert Blüm, und sie leisten »einen wichtigen Beitrag...., um unsere Sozialsysteme zu sichern«, so der Regierungssprecher. Und der sonst so sehr um das begrenzte Fassungsvermögen der deutschen Nation besorgte Alfred Dregger verstieg sich sogar zum prekären Vergleich: So, wie Israel die »Heimat aller verfolgten und unterdrückten Juden« sei, »so ist die Bundesrepublik die Heimat aller verfolgten und unterdrückten Deutschen«.

Für die Aussiedler gelten plötzlich neue volkswirtschaftliche Regeln. Hieß es jahrzehntelang: Ausländer nehmen

Deutschen Arbeitsplätze weg, so heißt es neuerdings: »Die Aus- und Übersiedler, die eigentlich alles brauchen, entfalten Nachfrage und damit Arbeitsplätze«, so der frühere Berliner Wirtschaftssenator Elmar Pieroth, und auch der Bundeskanzler erkannte, daß die Aussiedler »auf Dauer kulturell, wirtschaftlich und sozial ein Gewinn« seien. Das Bundespresseamt läßt umfangreiche Gutachten anfertigen, nur um nachzuweisen, daß die Einwanderer das Bruttosozialprodukt steigern.

Das mag alles richtig sein. Doch ungeklärt ist, warum ein aus Polen Zugewanderter Arbeitsplätze schafft und seine Einwanderung sofort mit den Segnungen des modernen Sozialstaats belohnt wird, während ein Gastarbeiter aus Spanien oder der Türkei, der jahrzehntelang in Deutschland hart gearbeitet hat, zur Rückkehr in sein Heimatland bewegt werden soll, weil wiederum er den Deutschen einen Arbeitsplatz wegnimmt. Warum werden die bei uns integrierten Kinder von Gastarbeitern mit Prämien außer Landes gebeten – »Volkszugehörige« aber, was immer man darunter versteht, zur Einwanderung ermuntert? Und ebenfalls ungeklärt ist, warum die wirtschaftliche Agilität und Leistungsfreude der Polen gerühmt, gleichzeitig aber alles getan wird, um sogenannte »Wirtschaftsflüchtlinge« fernzuhalten – jene also, die ebenfalls hierherkommen, um anzupacken. Ihnen wird zum Nachteil ausgelegt, was an anderen Zuwanderern als Vorteil gilt – ob das nur der Blutsunterschied ist?

Besonders grotesk ist die Rentensicherungsproblematik: Ernsthaft arbeiten deutsche Sozialpolitiker daran, kinderlosen Ehepaaren höhere Rentenbeiträge aufzulasten mit der Begründung, Rentenbeiträge seien die monatlichen Geldleistungen an die Versicherungskassen – und Kinder seien der nicht-geldliche Rentenbeitrag, denn der Nachwuchs zahle ja morgen die Renten. Für Gastarbeiter andererseits gelten diese Regeln nicht: Der Nachzug von Kindern nach Deutschland, also der zweite Beitrag zur Rentenversicherung, wird gesetzlich untersagt – auch in der Sozialpolitik setzen die Gesetze des Blutes die volkswirtschaftlichen Erkenntnisse außer Kraft.

Die einheimische Bevölkerung wollte und konnte die feinsinnige Unterscheidung nicht nachvollziehen – und die Bundesregierung unter Helmut Kohl steuerte von Wahldebakel zu Wahldebakel: Was sie als Erfolg ihrer Ostpolitik feiern wollte – die Heimholung aller Blutsverwandten –, stieß auf offene Ablehnung der Einheimischen. Sie halten offensichtlich nichts mehr vom Volksbegriff und der damit verbundenen nationalistischen Erklärung von Angebot und Nachfrage, sie argumentieren knallhart wirtschaftlich: »In Problem-Stadtteilen wie Kreuzberg und Neukölln, wo Arbeitslosigkeit und Wohnungsnot den Menschen mehr zu schaffen machen, gelten die Zuzügler – deutschstämmig hin, deutschstämmig her – vielen offenbar nicht als langersehnte Blutsverwandte, sondern als lästige neue Konkurrenten auf dem Arbeits- und Wohnungsmarkt«, so der »Spiegel«. Und Helmut Kohl erkannte nach den serienweise verlorenen Wahlen, da seien »das Asylantenproblem und die Ausländerfrage mit der Aussiedlerfrage verknüpft worden«.

Jetzt wird die Volkswirtschaftslehre der Bundesregierung erneut umgeschrieben: Im Auftrag der Bundesregierung weisen namhafte Wirtschaftsforschungsinstitute nach, daß Einwanderung wirtschaftlich erwünscht ist.

Für eine Begriffsklärung

Doch nicht nur konservative Politiker haben sich rettungslos verstrickt. »Die einen sagen Asylbewerber, die anderen sagen Aussiedler«, spottet der Frankfurter Dezernent für Multikulturelles, Daniel Cohn-Bendit, über die unterschiedliche Bewertung der Einwanderung. Vor dem Strom der Aussiedler »hat der Bundeskanzler argumentiert wie jeder aufrechte Linke: Wir sind eine reiche Gesellschaft, wir haben die Pflicht, diese Menschen aufzunehmen. Da spielt die Zahl überhaupt keine Rolle mehr.«

Während in den Debatten die Konservativen die Aussiedler verklären, verklären die Grünen und Sozialdemokraten Asylbewerber und Ausländer.

Weil die Verwirrung durch die Verwirrung der Begriffswelten entstanden ist, hilft nur eines: Klärung der Zusammenhänge, auch wenn dafür die alten nationalen Träume aufgegeben werden müssen.

Deutsch oder nichtdeutsch hilft nicht bei der Beurteilung des Sachverhalts, daß die Bundesrepublik faktisch zum Einwanderungsland geworden ist. Wirtschaftlich gesehen gibt es nur Einheimische – und Fremde. Zu den Einheimischen zählt sicher, wer länger als nur vorübergehend hier lebt und arbeitet und seine Familie versorgt. Und zu den Einheimischen zählt möglicherweise auch, wer ein halbes Dutzend Jahre hier lebt, auch wenn er hinter Gitter gesperrt ist und nicht arbeiten darf. Die Rede ist von Asylbewerbern und auch von den 100 000 abgelehnten Asylbewerbern, die am Rande dieser Gesellschaft in einer rechtlosen Grauzone ihre Existenz fristen, abhängig von der Gnade einer Behörde, die im Halbjahresabstand die Aufenthaltsgenehmigung verlängert – oder nicht. Davon wird später noch die Rede sein.

Derzeit gibt es fünf Kategorien von Einheimischen:

- Deutsche
- Ausländer aus den EG-Mitgliedsstaaten
- Ausländer aus den Nicht-EG-Staaten, wie die türkischen Gastarbeiter mit faktischem Bleiberecht
- Asylbewerber
- Flüchtlinge nach der Genfer Konvention.

Diese oft willkürliche Feindifferenzierung wird sich so nicht durchhalten lassen – zu groß sind die Widersprüche, die dadurch entstehen.

Und was die Fremden betrifft – auch hier wird die Abgrenzung in gute Fremde, weil deutschstämmig und aus dem Ostblock stammend, nicht ganz so schlechte (weil aus der EG kommend) und ganz schlechte (weil Türken oder Flüchtlinge) auf ihre Sinnhaftigkeit zu überprüfen sein. Nehmen wir alle die, die zu uns kommen, als das, was sie sind: Ein-Siedler, Immigranten, ob deutschen Blutes oder nicht.

Die bisherige Abgrenzung, die aus dem Nationenbegriff

stammt, jedenfalls muß auf den Prüfstand. So lange spielen das Blut und die Sprache noch nicht die entscheidende Rolle: Schließlich hatte Preußen, der deutsch-nationale Kernstaat, zu dem ihn später der völkische Nationalismus uminterpretierte, nach der dritten polnischen Teilung mehr polnische als deutsche Einwohner. Und jener Aufruf von 1812 des preußischen Königs »An mein Volk!« wurde in Deutsch, Sorbisch und Polnisch veröffentlicht. Einbürgerung war da kein Problem, denn 1815 sicherte der preußische König seinen polnischen Untertanen das Recht auf Gebrauch ihrer Sprache vor Gericht und an den Schulen zu. Das preußische Berlin schließlich schaffte den Aufstieg zur kulturellen und wirtschaftlichen Metropole nur durch französische Flüchtlinge, die Hugenotten, gerne aufgenommen von einem mehr Französisch als Deutsch sprechenden preußischen König. Und des nationalen Deutschen heroisierter Ahnherr, Friedrich der Große, erwog ganz ernsthaft die Ansiedlung moslemischer Tataren und war bereit, Moscheen für seine neuen Untertanen zu errichten.

Moscheen werden mittlerweile in vielen Städten der Bundesrepublik gebaut – warum aber erkennen wir die dort Betenden nicht als Mitbürger an?

2. KAPITEL

Fremde im Paragraphendschungel

> Wenn ein Fremdling bei euch wohnt in eurem
> Lande, den sollt ihr nicht bedrücken. Er soll
> bei euch wohnen wie ein Einheimischer unter
> euch, und du sollst ihn lieben wie dich selbst,
> denn ihr seid auch Fremdlinge gewesen in
> Ägyptenland.
>
> (3. Mose 19,33-34)

Die fein abgestufte Fremdenhierarchie

So eindeutig geklärt wie im Alten Testament ist die Aufnahme von Fremden heute nicht mehr – in der modernen Welt gibt es eine fein abgestufte Hierarchie der Zuwendung, die Fremde genießen dürfen. Beispiel Farah:

Farah ist 19 – das schwarzhaarige Mädchen besucht die Abiturklasse eines Kölner Gymnasiums. Aber nur an vier Tagen in der Woche. Jeden Dienstag steht Farah ab 5 Uhr morgens in der Schlange vor dem Ausländeramt. In der Regel bis 12 Uhr mittags. Dann hat sie wieder eine vorübergehende Aufenthaltsduldung erhalten – für eine weitere Schulwoche. »Der Beamte und ich kennen uns seit Jahren«, so Farah. »Er ist seit Jahren gleich unfreundlich und stellt seit Jahren regelmäßig dieselben Fragen. Ich gebe seit Jahren dieselben Antworten. Seit Jahren verlängert er die Aufenthaltsduldung jeweils um nur eine Woche.«

Farah ist Perserin. Ihre beiden Geschwister leben seit Jahren in der Bundesrepublik – geflohene Folteropfer des Khomeini-Regimes. Farah war nie politisch aktiv – mit 15 kam sie in die Bundesrepublik. Ein Jahr älter, und sie hätte ein Visum gebraucht. Farah will in Deutschland Informatik studieren und, wie sie sagt, eine »bessere Zukunft haben als im Iran«, wo sie, unter dem dunklen Tschador versteckt, aus einer politisch mißliebigen Familie stammend, nie auch nur eine höhere Schule hätte besuchen können. Abends verdient Farah in Restaurants als Bedienung – schwarz. Denn arbeiten darf sie nicht. An Klassenfahrten teilnehmen darf sie nicht. Sie darf die fiktiven Grenzen des Regierungsbezirks Köln nicht verlassen – überdies ist ihr Paß eingezogen. Jobs zu erhalten wird für Farah immer schwieriger. Zu dunkel, zu fremdländisch ist ihr Aussehen – das wollen die Deutschen nicht mehr, sagen ihr die Wirte.

Farah rangiert in der Liste der Fremden in der Bundesrepublik an vorletzter Stelle. Als De-facto-Flüchtling zählt, wer nicht als asylberechtigt anerkannt, aber trotzdem in Deutschland geduldet wird. Unter ihr rangieren nur noch Menschen ohne jegliches Aufenthaltsrecht, die morgen abgeschoben werden können – Illegale. Längst ist das Ausländerrecht zu einem schwer zu durchdringenden Dschungel geworden, kaum verständlich, mit fein abgestuften Privilegien und mit unscharfen Grenzen, die von Zufälligkeiten und Willkürentscheidungen gekennzeichnet sind und die Betroffenen über Nacht mehrere Stufen nach unten stürzen lassen können. Rechtssicherheit ist ein Fremdwort – es gilt das Gesetz des Dschungels, geprägt von willkürlichen politischen Entscheidungen.

Und das ist die fein abgestufte Hierarchie der Zugehörigkeit:

– DDR-Flüchtlinge, Übersiedler, Aussiedler
– EG-Bürger
– Gastarbeiter
– Heimatlose Ausländer
– Kontingentflüchtlinge
– Asylberechtigte
– Asylbewerber
– Ostblockflüchtlinge

– De-facto-Flüchtlinge
– Illegale

Edel-Fremde: Deutsche und Deutschstämmige

Rund 3,5 Millionen Flüchtlinge, Sperrbrecher und Übersiedler kamen seit 1950 aus der DDR in den Westen. Ebenso wie die Aussiedler – Deutschstämmige aus den von Polen und der Sowjetunion besetzten Gebieten des früheren Deutschen Reiches – gelten sie gleich als Deutsche. Sie haben sofort die gleichen staatsbürgerlichen Rechte und Pflichten sowie den Zugang zu allen öffentlichen Ämtern wie die übrigen Deutschen. Das gleiche gilt für die Grundrechte, die fein abgestuft zum Teil nur Deutschen zustehen: sie können sich sofort auf die Grundrechte der

– Versammlungsfreiheit (Artikel 8)
– Vereinigungsfreiheit (Artikel 9)
– Freizügigkeit (Artikel 11)
– Freiheit der Berufswahl (Artikel 12) sowie
– das Verbot der Auslieferung an andere Staaten (Artikel 16, Absatz 2)
– das Widerstandsrecht (Artikel 20, Absatz 4) berufen.

Sie haben Wahlrecht zum Deutschen Bundestag (Artikel 38) sowie zu den Landtagen und den Gebietskörperschaften. Alle diese Grundrechte gelten ausdrücklich nur für »alle Deutschen«. Noch wichtiger ist für viele, daß sofort ein dichtgespanntes soziales Netz für sie bereitsteht, das den Grenzübertritt mit einem »Begrüßungsgeld« belohnt. Insgesamt 41 Unterpunkte zählt eine Liste des Bonner Innenministeriums vom Januar 1988 über soziale Leistungen an Aussiedler und Übersiedler. Es beginnt mit Überbrückungshilfe (200 DM), setzt sich fort mit Eingliederungsgeld (1 000 DM im Monat), Wohnberechtigungsschein für die Wohnungsämter, zinsverbilligten Einrichtungsdarlehen (3 000 DM), Sprachkursen, BAFöG, Kindergeld, Krankengeld, erleichterter Anerkennung des Meistertitels im Handwerk, Steuerfreibeträgen, Existenzgründungsdarlehen und endet mit der sehr großzügigen Anerkennung von Rentenansprüchen, als ob der Betreffende bisher bei uns Rentenbeiträge bezahlt habe.

Rund 220 000 Aussiedler kamen 1991 in die Bundesrepublik. Und in den ehemaligen deutschen Ostgebieten und in Rußland leben noch ca. 3,5 Millionen Deutschstämmige.

Politisch privilegiert: EG-Bürger

Einen politisch begründeten Sprung nach oben machten die Gastarbeiter aus den Ländern der Europäischen Gemeinschaft: Nach der EG-Freizügigkeitsverordnung hat jeder Staatsangehörige eines Mitgliedsstaates die Berechtigung zur Beschäftigung in einem anderen Mitgliedsstaat. Demgemäß benötigen Staatsangehörige aus Ländern der Europäischen Gemeinschaft keine Arbeitserlaubnis und genießen Freizügigkeit über die Grenzen hinweg. Insgesamt 1,4 Millionen EG-Bürger leben und arbeiten in der Bundesrepublik. Rund eine Million sind ehemalige Gastarbeiter aus den Anwerbestaaten, darunter

- 280 000 Griechen
- 544 000 Italiener
- 80 000 Portugiesen
- 147 000 Spanier.

Zwar gelten sie als Ausländer, und die den Deutschen vorbehaltenen Grundrechte gelten damit für sie nicht – anders als bei Aussiedlern und Übersiedlern. Doch der Beitritt ihrer Heimatländer zur EG, verbunden mit der EG-Freizügigkeitsverordnung, hat ihren Status zumindest als Arbeitnehmer und Unternehmer erheblich verbessert: Sie sind nicht mehr von der Ermessensentscheidung der Ausländerämter bezüglich Arbeits- und Aufenthaltserlaubnis abhängig. Sie können ihre Familienmitglieder und Kinder unter 21 Jahren in die

Bundesrepublik nachholen und jederzeit die deutschen Grenzen überschreiten – wenigstens auf dem Papier: Vor dem Europäischen Gerichtshof suchte 1989 eine seit mehr als zehn
Jahren in Deutschland wohnende italienische Familie Schutz
vor der Ausweisung ihres gerade 16jährigen Sohnes. Die
Wohnung sei zu klein, sagte die Stuttgarter Ausländerbehörde und verlangte die Ausreise. Doch Fälle wie dieser sind Ein-
zelfälle, seit die Europäische Gemeinschaft und ihre Organe
daran gehen, die verengten Sichtweisen nationaler Kleinstaaterei aufzubrechen.

Politisch besteht erhebliche Konkurrenz zwischen EG-Bür-
gern und Aussiedlern. Mehrmals protestierte beispielsweise
die spanische Regierung bei der Bundesrepublik gegen deren
großzügige Aufnahmepraxis hinsichtlich der Deutschen aus
dem Osten: Für Spanien war ein wichtiges Argument für den
Beitritt zur EG, daß seinen Bürgern damit die dynamischen
Arbeitsmärkte Frankreichs und der Bundesrepublik offenste-
hen – sehr verständlich vor dem Hintergrund einer 40%igen
Jugendarbeitslosigkeit in Spanien. Vom Export seiner Arbeitskräfte erhofft sich Spanien auch Devisen durch die Rück-
überweisung an die zurückgebliebenen Familien – ein Konjunkturprogramm. Aufgrund von 400 000 Aussiedlern jedoch
wird der deutsche Arbeitsmarkt diese Funktion nicht mehr
wahrnehmen können, fürchtet die spanische Regierung.

Man rief Arbeitskräfte – es kamen Menschen: Gastarbeiter

Den Aufstieg in die verbesserte Lage der EG-Bürger schaff-
ten jene Gastarbeiter nicht, deren Heimatland nicht EG-
Mitglied ist:

- 1 485 000 Türken
- 600 000 Jugoslawen
- 55 000 Marokkaner
- 24 000 Tunesier.

Die Anwerbung von Gastarbeitern hat eine längere Geschichte, als manchem Deutschen noch bewußt ist: Bereits 1955 wurde mit Italien ein erster Anwerbevertrag abgeschlossen – obwohl die Arbeitslosenstatistik für 1955 noch eine durchschnittliche Arbeitslosenzahl von 935 000 Deutschen aufwies. 1960 folgten Verträge mit Spanien und Griechenland, später Verträge mit der Türkei, Portugal, Tunesien, Marokko und 1968 mit Jugoslawien.

Sehr schnell allerdings öffnete sich mit der Entwicklung der Europäischen Gemeinschaft die Rechtsschere zwischen Gastarbeitern unterschiedlicher Nationalität. Schrittweise wurde seit 1960 die Freizügigkeit zunächst für Italiener erleichtert und mit dem Ausbau der ursprünglichen Sechsergemeinschaft auch auf Griechen, Spanier, Portugiesen ausgedehnt. Damit entstanden zwei Klassen von Gastarbeitern: Auf dem Arbeitsmarkt weitgehend Deutschen gleichgestellt sind die Angehörigen der EG-Staaten. (Für Portugal und Spanien bestehen derzeit noch Übergangsregelungen.) Sie können wie Deutsche eingestellt werden. Mehr noch: Nach einer Verordnung der Europäischen Gemeinschaft von 1968 dürfen Staatsangehörige der EG-Staaten auch bei der Stellensuche vom Arbeitgeber nicht gegenüber deutschen Arbeitnehmern benachteiligt werden.

Anders für Gastarbeiter aus Nicht-EG-Staaten, also etwa für Türken – und zunehmend für Polen, die neuerdings in Deutschland Arbeit suchen. Sie unterliegen noch immer den strengen Gastarbeitergesetzen, die Aufenthaltserlaubnis und Beschäftigungserlaubnis eng miteinander verknüpfen: Aufenthaltserlaubnis für zunächst ein Jahr und Beschäftigung nur bei einem ganz bestimmten Arbeitgeber, so der Einstieg ins deutsche Arbeitsleben. Erst nach dieser Bewährungsfrist werden die Aufenthaltserlaubnis schrittweise verlängert und die Beschäftigungsmöglichkeiten erweitert. Nach insgesamt fünf Jahren wird die Aufenthaltserlaubnis schließlich unbefristet erteilt. Ebenfalls nach fünf Jahren und praktisch durchgehender Arbeit in dieser Zeit wird die »besondere Arbeitserlaubnis« erteilt – damit kann man sich um eine Stelle bewerben wie ein Deutscher. Hat man die besondere Arbeitserlaubnis ergattert, winkt als weiterer Vorteil die »Aufenthaltsberechtigung« – wie der Name sagt, ist man dann weniger von der Willkür der Ausländerbehörden abhängig als nur mit einer »Aufenthaltserlaubnis«.

Einen Arbeitsplatz erhalten Gastarbeiter, unabhängig von der Aufenthaltsdauer, nach dem Arbeitsförderungsgesetz nur, wenn dafür kein Deutscher zur Verfügung steht.

Beschränkt ist auch der Familiennachzug auf Ehegatten und ihre minderjährigen Kinder; sie dürfen nur kommen, wenn Wohnung und Einkommen nachgewiesen werden können. Noch einmal verschärft werden von den mit einem breiten Ermessensspielraum ausgestatteten Ausländerämtern kann diese Möglichkeiten für Gastarbeiter der zweiten Generation, also für die Kinder von Gastarbeitern, die Ehepartner im Heimatland gefunden haben – eine Besonderheit, die es innerhalb Europas nur in Deutschland gibt: Hier ist der Nachzug nur dann erlaubt, wenn der in der Bundesrepublik lebende Ehepartner sich schon acht Jahre hier aufhält und die Ehe bereits seit mehr als einem Jahr besteht. So hart und scheinbar logisch das Ausländerrecht zwischen EG-Gastarbeitern und Nicht-EG-Gastarbeitern trennt – in der Lebenssituation ist dies wenig logisch: Beide wurden angeworben, um zu arbeiten, und sie kamen, um zu arbeiten. Warum für den italienischen oder später den spanischen Arbeiter am Fließband von Ford oder Opel oder Volkswagen andere Rechte gelten als für den türkischen Kollegen, ist schwer nachzuvollziehen.

Opfer der Nazis: Heimatlose Ausländer

Rund 36 400 Menschen fallen unter das »Gesetz über die Rechtsstellung Heimatloser Ausländer« – frühere Zwangsarbeiter oder von den Nazis verschleppte Menschen, die nach dem Ende des Dritten Reiches nicht mehr in ihre Heimatländer zurückkehren konnten. Freiwillig blieben sie nicht hier – und freiwillig nahm sich die Bundesrepublik der Opfer ihres Vorgängerstaates nicht an: Sie sind Flüchtlinge im Sinne der Genfer Konvention und wurden in der Nachkriegszeit von den Flüchtlingsorganisationen der Alliierten und später der

UNO betreut – die auch eine Sicherung ihrer Rechtsstellung erzwangen. Deutsche sind sie trotzdem nicht – und ihr Status vererbt sich. Zwar sind die meisten von ihnen tief in das bundesdeutsche Alltagsleben integriert, doch das scharfe Schwert des deutschen Rechts trennt sie und ihre Kinder immer noch von den Blutsdeutschen. Und obwohl sie nach über 40jährigem Aufenthalt sicher Einheimische sind – in den Statistiken des Bonner Innenministeriums zählen sie als Flüchtlinge. Auch das ist eine deutsche Besonderheit – kein anderes Land Europas weist eine besondere Kategorie für diejenigen deutschen Flüchtlinge auf, die in der Nazizeit in die Schweiz, nach Frankreich oder England flohen.

Privilegierte Opfer: Kontingentflüchtlinge

Es war ein Akt beeindruckender Menschlichkeit, mit dem die Bundesrepublik Anfang der 80er Jahre Flüchtlinge aus Vietnam aufnahm – aufgefischt aus dem Chinesischen Meer vom Rettungsschiff Cap Anamur oder von Frachtern und Linienschiffen. Die Bundesregierung verpflichtete sich, schnell und unbürokratisch Hilfe zu leisten. Mit dem »Kontingentflüchtlingsgesetz« vom 22. Juli 1980 wird für eine begrenzte Zahl vietnamesischer Boat people das langwierige Asylverfahren abgekürzt: Sie erhalten sofort Aufenthaltsgenehmigung und Arbeitserlaubnis in der Bundesrepublik; damit wird ihnen das langjährige Eingesperrtsein in den Aufnahmelagern für Asylsuchende ebenso erspart wie das fünfjährige Arbeitsverbot. Das Kontingentflüchtlingsgesetz zeigt andererseits auch, daß Flüchtling nicht gleich Flüchtling, Opfer nicht gleich Opfer ist.

Einen Weg durch den Paragraphendschungel gebahnt: Asylberechtigte

Fünf Meter trennten den Fluggast Thirumal Thilaganathan vom westdeutschen Staatsgebiet. So tief lag das Flugfeld des

Frankfurter Rhein-Main-Flughafens unter der geöffneten Ladeluke eines ceylonesischen Flugzeugs. Der Tamile Thilaganathan war als politischer Widerstandskämpfer auf der Flucht vor Verhaftung und Folter. Das in Deutschland gelandete Flugzeug verlassen durfte er nicht – denn er besaß kein Visum. Für Fluggäste ohne Visum muß die Fluggesellschaft 2 000 DM Strafe zahlen. Die deutschen Botschaften und Konsulate im Ausland sind angewiesen, Antragstellern wie ihm kein Visum mehr zu erteilen, denn er könnte mit einiger Aussicht auf Erfolg Asyl beantragen. Daran aber soll er gehindert werden, Flüchtlinge sollen gar nicht erst die deutschen Grenzen erreichen können. Immer schwieriger wird es für Flüchtlinge, die Bundesrepublik zu erreichen. Thilaganathan sprang auf den ersehnten Boden Deutschlands, verletzte sich und starb kurze Zeit später in einem Frankfurter Krankenhaus.

Doch selbst wenn der Tamile durchgekommen wäre – das Ende seines Leidenswegs auf der Flucht vor dem Tod hätte er noch lange nicht erreicht gehabt. Zunächst wäre er von den Frankfurter Behörden nur als »Asylbewerber« registriert worden – immerhin wenigstens ein vorläufiger Schutz vor Verfolgung. Durchschnittlich elf Monate dauern derzeit die Verfahren, bis aus einem Asylbewerber ein »Asylberechtigter« wird. Nur wenige genießen diesen Status – allem Gerede von der Flüchtlingsflut zum Trotz. Zwischen dem 1. Januar 1980 und dem 28. Februar 1989 wurden insgesamt 76 392 Ausländer als Asylberechtigte anerkannt. Die Tendenz ist keineswegs steigend – 7 621 Bescheide erließ das Bundesamt für die Anerkennung ausländischer Flüchtlinge im Jahre 1988. Die Anträge von 62 983 wurden abgelehnt. »Tatsächlich betrug die Anerkennungsquote im Jahr 1988 nur 8,6 %«, rühmt sich der Staatssekretär im Innenministerium, Carl-Dieter Spranger.

Die angegebene Durchschnittszeit von elf Monaten für die Verfahrensdauer täuscht – die Anträge von über 16 000 Asylbewerbern wurden als »offensichtlich unbegründet« zurückgewiesen. Ihr Verfahren dauert damit nur wenige Tage oder Stunden. Die Verfahren, die schließlich tatsächlich zur Anerkennung führen, dauern in der Regel bis zu fünf Jahre: Denn auch wenn der Antrag ganz offensichtlich begründet ist und bewilligt wird – der Bundesbeauftragte für die Anerkennung ausländischer Flüchtlinge ficht jede Anerkennung gerichtlich an und schickt die Antragsteller auf den langwierigen Weg durch die Instanzen, um die Verfahren künstlich in die Länge zu ziehen.

Wem es gelingt, das Anerkennungsverfahren durchzustehen, bekommt eine unbefristete Aufenthaltserlaubnis, die nach fünf Jahren in den besseren Status der Aufenthaltsberechtigung umgewandelt werden kann. Asylberechtigte erhalten eine besondere Arbeitserlaubnis für das gesamte Bundesgebiet und West-Berlin für zunächst fünf Jahre – unabhängig von der allgemeinen Arbeitsmarktlage.

Zum Nichtstun verurteilt: Asylbewerber

Ein Planspiel für zukünftige Mitarbeiter an deutschen Botschaften führte im Juni 1989 das Auswärtige Amt durch. Der fiktive Fall: An der Botschaft der Bundesrepublik in Teheran bittet eine verzweifelt aussehende, fließend Deutsch sprechende Frau um Hilfe. Als Deutsche mit einem Iraner verheiratet, wodurch sie ihre Staatsbürgerschaft verlor, wurde sie von diesem verstoßen, so ihr Vortrag, die Kinder wurden ihr weggenommen, sie wurde geschlagen, politische Verfolgung und Folter angedroht. Die Aufgabe für die Beamten lautete: Wie kann selbst in diesem extremen Fall verhindert werden, daß ein Visum erteilt wird, das der Frau ermöglichen könnte, in die Bundesrepublik auszureisen und dort einen Asylantrag zu stellen? Die Bundesrepublik schottet sich ab gegen die »Asylantenflut« (Innenminister Zimmermann). In der Tat: Die Zahlen der Bewerber steigen, doch nur ein Bruchteil von ihnen wird die Anerkennung schaffen (vergleiche Tabelle S. 49).

Obwohl die Inanspruchnahme des Grundrechts auf Asyl zunehmend durch gesetzliche und administrative Maßnahmen ausgeschlossen wird – die Zahl der Bewerber geht kaum zurück, obwohl, und auch das ist vielfach beschrieben, die

Tabelle 6: *Wie viele Asylbewerber gibt es, und wie viele werden anerkannt?*

	Bewerber	Anerkennungen	absolut in %
1968	5608	984	17,5
1969	11664	6226	53,4
1970	8645	3569	41,3
1971	5388	5623	104,4*
1972	5289	2746	51,9
1973	5595	2021	36,1
1974	9494	4122	43,4
1975	9624	2914	30,3
1976	11125	2631	23,6
1977	16410	1849	11,3
1978	33136	2183	6,6
1979	51493	6308	12,3
1980	107818	12488	11,6
1981	49391	7824	15,8
1982	37423	5019	13,4
1983	19737	5032	25,4
1984	35278	6566	18,6
1985	73832	11224	15,2
1986	99650	8853	8,9
1987	57379	8231	14,3
1988	103076	7621	7,4
1989	121318	5991	4,9
1990	193063	6518	4,4
1991	193063	11597	6,9
1992 (Januar–Juli)	98020	6096	4,4

* Anerkennung auch von Bewerbern des Vorjahres!

Quelle: Bundesministerium des Innern, 1991.

Lage der Asylbewerber alles andere ist als ein bequemer »Linienflug zum Sozialamt«, wie beispielsweise die Illustrierte »Quick« suggeriert.

Denn Asylbewerber leben in Notunterkünften – oft Dutzende von Familien zusammen in Turnhallen, immer wieder in Zelten, umgebauten Fabrikhallen und abbruchreifen Gebäuden. Sie sind zum Nichtstun verdammt, denn eine Arbeitserlaubnis darf Asylbewerbern nur erteilt werden, wenn sie sich nach Antragstellung mindestens fünf Jahre in der Bundesrepublik aufgehalten haben. Zwei Jahre beträgt die Wartezeit auch für ihre Kinder, ehe sie einen Lehrvertrag abschließen dürfen. Nur vier der elf Bundesländer (Bayern, Bremen, Hessen und Niedersachsen) erkennen eine Schulpflicht für die insgesamt rund 80 000 Kinder von Asylbewerbern an – »Kein Recht auf Schulbesuch«, ordnet das Mainzer Kultusministerium an und erlaubt den Schulbesuch nur »im Einzelfall«. Auch Sozialhilfe gibt es nur eingeschränkt – in Form der Gemeinschaftsverpflegung und als Wertgutschein etwa für Kleidung. Hilfen für besondere Lebenslagen, wie z. B. Hilfe für Kranke, Schwangere und Pflegefälle, gibt es nur nach dem Ermessen der Sozialämter – also meist nicht. Die besten Jahre des Lebens in der Gemeinschaftsunterkunft ohne Arbeitsmöglichkeit – und ohne Zukunft für die Kinder: Können das alles nur Scheinasylanten oder Wirtschaftsasylanten sein, von denen die ausländerfeindliche Hetze spricht? Oder nimmt das nur der auf sich, den andernorts noch Schlimmeres erwartet?

Wie Asylanten gemacht werden

Warum Menschen fliehen, wird später dargestellt werden. In diesem Kapitel soll nur gezeigt werden, daß die angebliche Asylantenflut zu einem großen Teil hausgemacht ist – Folge einer unsinnigen Ausländerpolitik:

Beispiel *Türkei*:
Ohne Zweifel herrscht dort politische Verfolgung – für Gegner der herrschenden Regierung, für bestimmte Volksgruppen wie Kurden und Armenier, für Religionsgruppen wie Christen. Viele der von Verfolgung Bedrohten leben als Gastarbeiter in der Bundesrepublik. Seit dem Anwerbestopp 1973 wird es immer schwieriger, eine Arbeitserlaubnis verlängert zu erhalten oder Familienmitglieder nachzuholen, und so bleibt vielen der Betroffenen nichts anderes übrig, als Asylanträge zu stellen: Asyl als letzte Möglichkeit, sich vor Ausweisung und Verfolgung im Heimatland zu schützen oder um trotz restriktiver Handhabung der Ausländerämter doch noch Frau und Kinder nachzuholen.

Beispiel *Polen und Jugoslawien*:
Ostblockbürgern galt immer das besondere Entgegenkommen der deutschen Ausländerpolitik – schließlich handelte es sich um Menschen, die vor dem Kommunismus flüchteten. Nach einem Beschluß der Innenminister der Länder (Ostblockerlaß von 1966) wurden sie auch ohne Asylantrag als De-facto-Flüchtlinge sofort anerkannt und mit einer dauernden Duldung des Aufenthalts versorgt. Doch seit Polen und Jugoslawien ihre Grenzen öffneten und die legale Ausreise ermöglichen, ist es mit dem kämpferisch-großzügigen Antikommunismus vorbei. 1987 wurde der Ostblockerlaß aufgehoben, schon weil zu viele Polen die Tradition der Westwanderung zu den Verwandten ins Ruhrgebiet wiederaufnahmen und Jugoslawen den Anwerbestopp für Gastarbeiter damit umgehen. Für die Kommunen wiederum besteht ein besonderer Anreiz, mögliche De-facto-Flüchtlinge zum Stellen eines Asylantrags zu überreden, etwa indem man ihnen bürokratische Schwierigkeiten bereitet: Die etwaigen Kosten für die Unterbringung und Betreuung von De-facto-Flüchtlingen tragen die Gemeinden und Städte, Asylbewerber aber werden von den Ländern finanziert. Damit werden Flüchtlinge in das Asylverfahren geschoben, die sonst durchaus arbeiten dürften. Und zahlenmäßig schlägt sich auch die Aussiedlerpolitik der Bundesregierung nieder: Viele Polen kommen mit der Hoffnung, als Deutsche anerkannt zu werden, um den privilegierten Status des Aussiedlers zu erhalten. In Bayern wurden bis 1987 fast 90 % der Antragsteller als Aussiedler und damit als Deutsche anerkannt. Seither sinkt diese Anerkennungsquote – auf derzeit knapp 70 %. Abgelehnte Antragsteller aus Polen wurden bisher als De-facto-Flüchtlinge geduldet – seit 1987 aber wird ihnen selbst dieser Status nicht mehr zuerkannt. Auch ihnen bleibt als letzter Ausweg nur das Asyl.

Zuwanderer aus Osteuropa und der Türkei zusammen machen rund 70 % der Asylbewerber aus – zumindest die Osteuropäer haben sich häufig darauf verlassen, daß die bisherige Politik der Bundesrepublik für sie weiter gilt, und für viele Türken ist es die einzige Möglichkeit, daß ihre Familien zu ihnen stoßen.

Sie sind sicher nicht Menschen, auf die der Grundgedanke des Asyls zutrifft. Doch umgekehrt ist es völlig verkehrt, ständig von einem Mißbrauch des Asylrechts und von einer Asylantenflut zu sprechen: Es ist dies der Reflex einer völlig verqueren Ausländerpolitik, die deutsche Polen und angebliche Antikommunisten aus politischen Gründen anlockt und zunächst rechtlich privilegiert – um sie dann in ein Asylverfahren zu zwingen. Ebenso völlig verquer ist der Versuch, das Asylverfahren immer mehr zu erschweren: Polen und Türken werden dadurch nicht abgeschreckt, denn sie suchen nicht Asyl, sondern ihre Familien und Arbeit. Ferngehalten werden die wirklichen Flüchtlinge, wie der Tamile Thirumal Thilaganathan, der die verfehlte Asylpolitik mit dem Leben bezahlte.

Flüchtling und doch nicht Flüchtling: De-facto-Flüchtlinge

Den Irrsinn der deutschen Asylpolitik zeigt die hohe Zahl der De-facto-Flüchtlinge: 270 000, so das Innenministerium, leben in der Bundesrepublik – eine davon die persische Schülerin Farah. Eine rechtliche Definition der De-facto-Flüchtlinge gibt es nicht. Ein großer Teil von ihnen sind Ostblockflüchtlinge, denen man in der Zeit des hochschäumenden Antikommunismus Aufenthalt gewährte. In der weit größeren Zahl aber sind sie der Reflex auf eine Asylpolitik, die es massiv erschwert hat, als Asylberechtigter anerkannt zu werden: Längst deckt sich der Begriff »Asylberechtigter« nicht mehr mit dem »Flüchtling« im Wortsinn und nach internationalem Rechtsverständnis. Noch einmal das Beispiel Farah: Ihr Antrag auf Asyl hätte nach den strengen Regeln der Asylbürokraten keine Aussicht auf Erfolg. Würde sie abgeschoben, wäre ihr jedoch Verfolgung sicher – also darf sie aus humanitären Gründen in Köln bleiben. Ganz so freiwillig sind die Kölner Bürokraten nicht human. Nur weil die Bundesrepublik die internationale Genfer Flüchtlingskonvention unterzeichnet hat, kann man Farah nicht abschieben. Nach der von über 100 Staaten unterzeichneten internationalen Konvention gelten als Flüchtlinge Personen, die wegen »begründeter Furcht vor Verfolgung wegen ihrer Rasse, Religion, Nationalität, Zugehörigkeit zu einer bestimmten sozialen Gruppe oder wegen ihrer politischen Überzeugung sich außerhalb des Landes befinden«.

Das deutsche Asylrecht allerdings wurde im Lauf der Jahre immer enger gefaßt: So gilt die Flucht vor einem Bürgerkrieg nicht mehr als Anerkennungsgrund, denn die Verfolgungsmaßnahmen, so das Bundesverfassungsgericht, müssen »nach ihrer Intensität und Schwere über das hinausgehen, was die Bewohner des Heimatstaates aufgrund des dort herrschenden Systems allgemein hinzunehmen haben«. Immer weniger Flüchtlinge nach der Genfer Konvention – sogenannte »bona-fide-Flüchtlinge« – werden somit nach deutschem Recht als Asylberechtigte anerkannt. Werden sie trotzdem in Deutschland geduldet, sind sie De-facto-Flüchtlinge. Weil das Asylverfahrensgesetz immer enger gefaßt wird, können sich immer mehr abgelehnte Asylbewerber auf den Schutz des »Hohen Flüchtlingskommissars der Vereinten Nationen« berufen.

Libanesen, Iraner, Afghanen, Tamilen und Palästinenser: Sie alle erfüllen irgendeinen der vielen Gründe nicht, der sie zum Asylberechtigten macht – also werden sie nicht anerkannt. Viele von ihnen können nirgendwohin abgeschoben werden, weil kein Staat der Erde sie aufnimmt – beispielsweise Palästinenser, die seit ihrer Vertreibung im bittersten Wortsinn heimatlos sind: Flüchtlinge aber sind sie nicht, sagen deutsche Beamte und legen den Antrag unter der Rubrik »Mißbrauch« ab.

Den Höhepunkt dieser Praxis bildet die Verschärfung der sogenannten »Nachfluchtgründe«. Flieht beispielsweise ein Afghane vor der Roten Armee nach Pakistan und von dort weiter in die Bundesrepublik, gilt er nicht mehr als asylberechtigt: Er war ja schon in Pakistan vor der Verfolgung sicher. Obwohl nicht asylberechtigt, wird er trotzdem nicht abgeschoben – wohin auch? Ein weiterer »De-facto-Flüchtling« ist damit geschaffen. Denn die Genfer Konvention folgt dem

Grundsatz des »non refoulement«: Danach darf kein Flüchtling in einen Staat abgeschoben werden, in dem Verfolgung droht. De-facto-Flüchtlinge aber haben – anders als Asylberechtigte – keinen Anspruch auf Aufenthalt, sondern sie erhalten die schwache und jederzeit widerrufbare Aufenthaltsduldung. Zu welchen Willkürentscheidungen dies führen kann, zeigt das Beispiel Rumäniens noch unter Ceausescu. 814 rumänische Flüchtlinge wurden nach einem Beschluß der Innenministerkonferenz 1989 pauschal nicht mehr als asylberechtigt anerkannt, obwohl in ihrem Heimatland Gefängnis und Folter auf sie warteten. Bestenfalls werden sie in der menschenverachtenden Hierarchie deutscher Ausländerpolitik noch einmal zurückgestuft – auf das Niveau des De-facto-Flüchtlings. Dieser Status wiederum kann ihnen jederzeit entzogen werden, so wie es 1987 mit den Polen geschah. Mit dieser Art von Abstufung klaffen die Praxis des Asylverfahrensgesetzes und das Grundrecht auf Asyl immer weiter auseinander – und zunehmend gerät die Bundesregierung auch in Gegensatz zu internationalen Abkommen.

»Eines der Hauptprobleme des bundesdeutschen Asylrechts scheint zu sein, daß die Genfer Flüchtlingskonvention zwar nach wie vor innerstaatlich verpflichtend ist, jedoch im eigentlichen Asylverfahren seit 1982 keine Anwendung mehr findet«, so eine Stellungnahme des »Hohen Kommissars« (UNHCR) zur bundesdeutschen Politik. »Eine bedeutende Zahl von Flüchtlingen wird aus dem normalen Asylrecht ausgegrenzt. Gleichwohl verbleiben diese auch nach Ablehnung ihres Antrages in der Bundesrepublik, weil sie als Flüchtlinge den Abschiebungsschutz der Genfer Flüchtlingskonvention genießen. Diese sogenannten De-facto-Flüchtlinge sind mithin de jure Flüchtlinge, ohne freilich die Rechte der Genfer Flüchtlingskonvention voll in Anspruch nehmen zu können.« Selten hat die Bundesregierung eine schallendere Ohrfeige für ihre Politik bekommen – doch es kommt noch eindeutiger: »Am Ende eines Asylverfahrens sollte eine gerechte und auf humanitären Prinzipien beruhende Entscheidung über die Flüchtlingseigenschaft eines Asylbewerbers stehen. Die Wiedereinführung der Genfer Flüchtlingskonvention in das Anerkennungsverfahren erscheint deshalb aus Sicht von UNHCR zwingend geboten.«

Inhuman und ungerecht – anders kann man aus der Sicht der De-facto-Flüchtlinge die deutsche Praxis nicht nennen. Sie werden allenfalls im Graubereich »geduldet«, so die Amtssprache. Arbeiten dürfen sie nicht, Sozialhilfe erhalten sie nur eingeschränkt. »Obwohl der Aufenthalt aufgrund der Duldung oft jahrelang dauert, besteht kein Anspruch auf Sprachförderung und keine Schulpflicht, ein Arbeitsaufnahmeverbot umfaßt regelmäßig zugleich ein Ausbildungsverbot. Der Nachzug von Familienangehörigen ist grundsätzlich nicht gestattet«, so eine Analyse des UNHCR.

Und es geht noch tiefer: Illegale

Über ihre Zahl gibt es keine Auskunft. Doch die Zahl illegal in der Bundesrepublik lebender und arbeitender Ausländer nimmt ständig zu: Polen, die zur Erntezeit in den Weinbergen und auf den Feldern aushelfen. Frauen aus den Philippinen, die mittlerweile in vielen Wohnungen gerade leitender Bonner Beamter putzen. Einen Fall von »moderner Sklaverei« deckte die Polizei auch im Kölner Prominentenviertel Marienburg auf! Neun Frauen aus den Philippinen, die seit Jahren als Haushaltshilfen arbeiteten – ohne Kranken- und Sozialversicherung, ohne geregelte Freizeit, für 300 Mark Lohn im Monat, aber insgesamt 650 Mark Miete zu neunt in einem winzigen Ein-Zimmer-Appartement.

Vielfach werden sie geduldet, die Behörden drücken ein Auge zu. Rund 15 000 illegale Philippinos sollen nach Polizeikenntnissen allein im Rhein-Main-Gebiet leben.

Vielleicht sollten wir uns im Umgang mit ihnen an die Mahnung des Gründers jenes orientalischen Kults halten, der vor rund 1500 Jahren sich in Germanien auszubreiten begann: »Ich bin ein Fremder gewesen, und ihr habt mich nicht aufgenommen. Was ihr nicht getan habt einem von diesen Geringsten unter meinen Brüdern, das habt ihr mir auch nicht getan.«

(Matthäus 25,31-46)

3. KAPITEL

Das Land drängt seine Kinder fort

Es gibt zwei Sorten Ratten,
die hungrigen und satten.
Die satten bleiben vergnügt zu Haus,
die hungrigen aber wandern aus.

...

Sie wandern viel tausend Meilen,
Ganz ohne Rasten und Weilen,
Gradaus in ihrem grimmigen Lauf,
Nicht Wind noch Wetter hält sie auf.

...

Die Wanderratten, o wehe!
Sie sind schon in der Nähe.
Sie rücken heran, ich höre schon
Ihr Pfeifen – die Zahl ist Legion.

(Heinrich Heine)

Warum Menschen wandern

Die Wanderung von Menschen ist so alt wie die Menschheit
selbst. Neu ist also nicht, daß Menschen wandern, sondern
daß künstliche Linien auf den Landkarten gerade dieses ur-
alte Bestreben verhindern sollen. Die wandernden Menschen
werden versuchen, diese Grenzen zu überwinden – zumal sie
vielfach nur Pfaden folgen, die Generationen und immer
neue Generationen vor ihnen beschritten haben. Diese Men-
schenströme über die Kontinente hinweg lassen das Gebiet
der heutigen Bundesrepublik nicht unberührt: Sie haben und
hatten dort ihren Ausgangs- und/oder ihren Zielpunkt. Nicht
die Verhinderung von Wanderung kann damit ein realistisches
politisches Ziel sein, sondern allenfalls die Lenkung und
Beeinflussung der Ströme. Klimatische Veränderungen, Ver-

folgung, wirtschaftlicher Zwang und wirtschaftliche Hoffnung – oder schlicht Neugier und Abenteuerlust sind die Triebkräfte der Wanderungsbewegung. Aus der Fülle der Motive sollen hier diejenigen herausgegriffen werden, die hauptsächlich wirtschaftlicher Natur sind – unzweifelhaft von jeher das Hauptmotiv der Wanderungsbewegung. Die Abgrenzung und Identifizierung der einzelnen Motive ist schwierig: Warum bleiben in einem Dorf, dessen Bewohner sich im großen und ganzen den gleichen sozialen, wirtschaftlichen und geographischen Rahmenbedingungen ausgesetzt sehen, viele zurück, und einige schließen die Tür für immer hinter sich, um ihr Glück andernorts zu suchen? Warum veröden mancherorts ganze Landstriche, weil niemand zurückbleiben will – und was führt dazu, daß dieselbe Ortschaft, aus der die einen fliehen, wieder zum Zielpunkt anderer wird?

»Das Land drängt seine Kinder fort«, umschrieb mit großer Sprachkraft der Nationalökonom Werner Sombart zu Beginn dieses Jahrhunderts die Ursache für die größte Wanderbewegung der Neuzeit – später entdeckten die weniger sprachgewandten Volkswirte dies als wichtigsten »Push-Faktor« der Migration erneut und spalteten es auf in die Hauptgründe:

– Dauerarbeitslosigkeit
– Reallohnunterschiede
– Verwertungschancen des Humankapitals.

Dauerarbeitslosigkeit war die Folge der Überbevölkerung der ländlichen Räume, hervorgerufen durch den rapiden Rückgang der Sterblichkeit im vorigen Jahrhundert; sie war verbunden mit der Entwicklung moderner Produktionsstrukturen in der Landwirtschaft und den Kleinstädten. Sie war die Folge des Endes des Kleinbauerntums und der beginnenden Massenfabrikation, die das Handwerk in den Städten und Dörfern beseitigte. Die Bedürfnisse »der modernen Landwirtschaft: Ihr Bedürfnis nach klaren Eigentumsverhältnissen, ihr Bedürfnis nach bestmöglicher Ausnutzung des Grundes und Bodens und deshalb rationeller Gestaltung des Wirtschaftsbetriebes, ihr Streben auch das Arbeitsverhältnis ihrem unmittelbaren Zwecke entsprechend umzuformen – die Befriedigung all dieser Bedürfnisse hat zur Folge, daß ein großer Teil der früher organisch mit der Landwirtschaft verwachsenen, der gleichsam bodenständigen ländlichen Bevölkerung entwurzelt, mobilisiert, Flugsand wird. Eine Entwicklung, die durch andere Umstände Unterstützung erfährt: den Wegfall des gewerblichen Nebenverdienstes, das Erwachen des individualistischen Geistes unter der Landbevölkerung, diesen beiden Begleiterscheinungen der Ausbreitung und Erstarkung des gewerblichen Kapitalismus«, so Sombart. Es ist also die Kombination aus Industrialisierung und Bevölkerungswachstum, die dazu führte, daß in den letzten beiden Jahrzehnten des 19. Jahrhunderts sich die deutsche Bevölkerung um 25 % von 45 Millionen (1880) auf rund 56 Millionen (1900) vergrößerte.

Präzise und anschaulich – und ganz aktuell – beschreibt Sombart die ökonomischen und individuellen Motive für die Wanderbewegung, die im 18. Jahrhundert einsetzte und damit die Bevölkerungsstruktur Europas bis zum Beginn des Zweiten Weltkriegs prägte. Und er beschreibt damit auch die Triebkräfte für die Wanderung, die heute Westeuropa zum Zielpunkt hat: Das ist zunächst die klassische Ost-West-Wanderung aus den großen, agrarisch geprägten Räumen Osteuropas in die entstehenden westlichen Industriezentren – die Wanderung aus Polen und Schlesien nach Berlin, ins Ruhrgebiet, nach Paris und weiter nach Nordamerika. Diese Wanderung hat, und daran kann es keinen Zweifel geben, das heutige Bild der Bundesrepublik geprägt. Diese Wanderungsbewegung erreichte mit der Flucht und Vertreibung von 12 Millionen Deutschen nach Westen 1945 einen gewaltsamen und grausigen Höhepunkt. Von 1950 bis 1961 siedelten noch einmal rund 3,3 Millionen Menschen aus der DDR in die Bundesrepublik über; diese politisch wie wirtschaftlich motivierte Wanderung fand ihre Begrenzung buchstäblich an der Berliner Mauer, am Eisernen Vorhang. Doch mit der Politik der Öffnung des Ostblocks scheinen die alten Wanderungsbewegungen wieder aufgenommen zu werden: 400 000 Aussiedler aus Polen und der Sowjetunion und eine große Zahl rein pol-

nischer Auswanderer, die sich in bundesdeutschen Asylanten-
heimen oder als Schwarzarbeiter wiederfinden, sind der of-
fensichtliche Beleg für diese These. Sombarts Motivbeschrei-
bung gibt aber auch eine Erklärung ab für neue Wanderungsbewegungen: Das Zerbrechen der alten, stabilen agrarischen
Gesellschaften in Südosteuropa und der Türkei unter dem
Ansturm der Bevölkerungsexplosion und der Orientierung
an modernen, westlichen Lebensmustern entwurzelte in
Griechenland, Portugal, der Türkei die Menschen – aber auch

Tabelle 7: *Woher kommen die Aussiedler?*

	1988	1989	1990	1991
Polen	140226	250340	133872	40129
UdSSR/GUS	47572	98134	147950	147320
Rumänien	12902	23387	111150	32178
Ungarn	763	1618	1336	952
CSFR	949	2027	1708	927
Jugoslawien	223	1469	961	450
Gesamt	202673	377055	397073	221995

Grafik 2: *Flüchtlinge, Heimatvertriebene und Aussiedler
aus Osteuropa bis 1988*

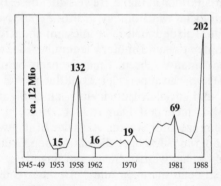

Quelle: Der Bundesbeauftragte für Aussiedler, 1989.

auf den Philippinen, in Nordafrika und Asien wird die bis dahin bodenständige, ländliche Bevölkerung zum Flugsand.

Noch einmal Sombart:

»Bevölkerungsschichten, die seit Jahrhunderten so fest an ihrer Scholle geklebt hatten wie nur irgendein Bodengewächs, sie kommen in Bewegung, und nun lösen sich Scharen auf Scharen vom Boden los und wandern aus ihrer Heimat fort. Und diese Riesenvolksbewegung, von der man mit Recht gesagt hat, daß sie ihresgleichen in der Weltgeschichte nicht gesehen hat, daß im Vergleich zu ihr die ›Völkerwanderung‹, die das europäische Mittelalter einleitete, ein Kinderspiel gewesen sei, wenn man die in Bewegung gesetzten Volksmassen in Betracht zieht: diese Bewegung scheint nun kein Ende nehmen zu wollen, auch jetzt, nachdem vielerorts von einer Überschußbevölkerung auf dem Land keine Rede mehr ist, nachdem dort längst die Arbeitskräfte zu mangeln begonnen haben. Der Abstrom der Bevölkerung vom Lande ist eine mit Notwendigkeit im Gefolge kapitalistischer Produktionsweise und rascher Vermehrung der Bevölkerung auftretende allgemeine Erscheinung«, so die Beschreibung der Entwicklung vor dem Ersten Weltkrieg. Seither haben die Größenordnungen der Völkerwanderung noch einmal zugenommen – Sombart beschreibt als ersten Schritt die Flucht vom Land in die Stadt, das Phänomen der Binnenwanderung, die sich innerhalb eines Staates vollzieht. Die Großstädte der Dritten Welt sind der aktuelle Beweis für diese Bewegung: städtische Moloche wie Bombay, Kairo, Seoul, Nairobi, Lima, Sao Paulo, Rio de Janeiro, die allesamt über 10 Millionen Einwohner aufweisen und immer wieder über die erweiterten Stadtgrenzen hinauswachsen. Staatsgrenzen behindern zunächst das Überschwappen der Landflucht von der wirtschaftlichen und sozialen Entwicklung eines Staates in den nächsten. Aber nicht auf Dauer: Der Druck in die Stadt sprengt die Grenzen der Staaten – aus der Binnenwanderung wird Auswanderung. Je enger die nationalen Grenzen gezogen sind, um so eher werden sie übersprungen.

Welche Größenordnungen diese Binnenwanderung zunächst in Deutschland hatte, zeigt folgende Zahl: Nach einer

Zählung des Jahres 1907 wanderten innerhalb weniger Jahre 2,1 Millionen Menschen aus den ostdeutschen Provinzen Pommern, Ost- und Westpreußen, Schlesien in den Westen. 360 000 wanderten bis ins Rheinland, 315 000 nach Hamburg, 290 000 nach Westfalen. In stürmischen Reichstagsdebatten forderte man eine Begrenzung des Wegzugs. Nicht zu Unrecht befürchtete man zunächst eine Entvölkerung der deutschen Ostgebiete und dann eine Polonisierung durch den Nachzug von Polen und Galiziern in die von den Deutschen verlassenen Dörfer – die multikulturelle Einstellung der ersten Preußenkönige war mittlerweile einem dumpfen deutschnationalen Rassismus gewichen, der den Zuzug von jenseits der Landesgrenzen nicht mehr als eine Bereicherung, sondern als Bedrohung empfand.

Die deutsche Auswanderung

Die schnell wachsenden deutschen Großstädte wie Berlin und die entstehenden Industriezentren an Rhein und Ruhr konnten diese Menschenmassen nicht aufsaugen – aus der Binnenwanderung wurde in einem zweiten Schritt eine massenhafte Auswanderung, und zwar nicht nur aus Ostdeutschland: Auch die süddeutschen Länder trieben ihre Kinder fort. Berühmt die die Schilderung von Friedrich List der Lage der Kleinbauern in Südwestdeutschland: »Jetzt schon gibt es große Dorfschaften, wo die gesamte Einwohnerschaft nur in der Auswanderung mit Kind und Gesind ihre Rettung zu finden glaubt.«

Fast 6 Millionen Deutsche wanderten im 19. und im frühen 20. Jahrhundert aus – neun von zehn nach Nordamerika. Vier Wellen der Auswanderung unterscheidet dabei der Migrationsforscher Klaus Bade:

– Eine erste Auswanderungswelle riß in den Jahren 1846 bis 1857 fast 1,3 Millionen Deutsche in die Neue Welt. 240 000 Deutsche bestiegen allein 1854 die Überseefrachter und machten die Auswanderung zur Massenbewegung. Die Ursachen sind in den von Sombart beschriebenen Ablöseprozessen vom Land zu suchen – verstärkt durch politische Motive: Die gescheiterte deutsche Revolution von 1848 trieb desillusionierte Demokraten und Intellektuelle aus dem engen Muff der deutschen Kleinstaaterei und Fürstentümelei in die politische Freiheit. Die Welle brach sich, weil der Exodus der vielen zunächst eine Entlastung brachte – und der amerikanische Bürgerkrieg die Einwanderer abhielt.

– Aber schon 1864 begann der Strom der Auswanderer wieder anzuschwellen, um im folgenden Jahrzehnt 1 Million Menschen mitzureißen.

– 1880 schließlich setzte die dritte und stärkste Auswanderungswelle des 19. Jahrhunderts ein, die bis zum Ende des Jahrhunderts dauern sollte – und fast 2 Millionen Menschen mitnahm.

– 1923, in Zeiten von Ruhrkampf und Inflation, kam es schließlich zu einer kleineren Auswanderungswelle, die hauptsächlich wirtschaftlich motiviert war. Sie sollte erst wieder anschwellen mit dem Strom der politischen Emigration und der Flucht jüdischer Deutscher aus Nazideutschland.

– Mehr als 800 000 Deutsche flüchteten vor dem Naziregime – eine Flucht, die zuerst vielfach noch eine halbwegs geordnete Auswanderung angesichts des heraufziehenden Holocausts war, später aber nichts mehr rettete als das nackte Leben. Gerade diese Not war es, die die Väter des Grundgesetzes später zu einer vergleichbar großzügigen Asylregelung veranlaßte. Wenn heute den damaligen Mitgliedern des Parlamentarischen Rates unterstellt wird, sie hätten bei der Formulierung des Asylrechts nur an den Einzelfall gedacht, nicht aber an Massenflucht, so steht dies im Widerspruch zu den Erfahrungen der damaligen Parlamentarier, denen die große Zahl der Flüchtlinge sehr wohl bewußt war.

– Doch auch seit dem Ende des Zweiten Weltkriegs hat die Auswanderung keinesfalls aufgehört! Zwischen 1946 und 1960 wanderten 760 000 Deutsche aus – 90 % in die USA oder nach Kanada. Und noch immer gibt es in Köln beim Bundesverwaltungsamt eine Auswanderungsberatungsstelle! Sie übernahm die Arbeit des früheren »Bundesamtes für Auswanderung« und verfügt heute über rund 150 Beratungsstel-

Grafik 3: *Die deutsche Auswanderung nach Amerika 1830–1932*

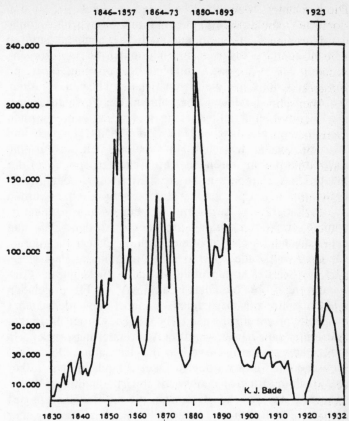

Quelle: Klaus Bade: Vom Auswanderungsland zum Einwanderungsland? Berlin 1983.

len für Auswanderungswillige. Jährlich holen sich hier 140 000 deutsche Auswanderer Rat für ihre Auswanderungspläne.

Viele Begleitumstände der Massenauswanderung im vergangenen Jahrhundert erscheinen höchst modern: Die Mehrheit der Auswanderer war das, was man heute abschätzig mit dem Begriff des Wirtschaftsflüchtlings umschreibt – sie versuchten, in der Neuen auch eine bessere Welt zu finden. Ellis

Island, die amerikanische Einwandererkontrollstation, wurde als »golden door« bezeichnet – so wie heute die bundesdeutschen Aufnahmelager für Aus- und Übersiedler Durchgangslager ins Konsumparadies sind. Und auch die heute so wortreich angeprangerten internationalen Schlepperorganisationen gab es damals: Denn viele der Auswanderer waren gar nicht in der Lage, die teuren Tickets zu bezahlen – Agenten der Schiffahrtslinien übernahmen die Vorfinanzierung. Der Auswanderertransport trug wesentlich zum enormen Aufschwung der deutschen Häfen Bremen und Hamburg und zum Aufbau der deutschen Handelsflotte bei: Sie war eine Kombination von Waren- und Menschentransport. Auf der Route USA–Europa wurden meist Rohstoffe in den großen Laderäumen transportiert – in Hamburg und Bremen wurden in die Laderäume Zwischendecks eingezogen, auf denen dann Auswanderer zusammengepfercht wurden. Daß man die Auswanderer als Frachtgut ansah, zeigt sich auch daran, daß die Zwischendeckpassagiere oft nicht in den Passagierlisten des Schiffes auftauchten. Mit dem Rückgang der Auswanderung drohte die Fahrt in die USA, wo Fracht geladen werden sollte, zur unrentablen Leerfahrt zu werden. Damit die Schiffsplätze dorthin nicht frei blieben, wurden die Praktiken immer dann härter, wenn der Auswanderungsdruck nachließ. Dann gingen die Agenten der Transatlantiklinien auf Menschenfang und warben in Deutschland, immer stärker aber auch in Osteuropa, Auswanderer an – häufig im Widerspruch zu den örtlichen Gesetzen, die die Bevölkerung ans Land zu binden suchten. Nur noch 10 % der in Hamburg oder Bremen eingeschifften Auswanderer stammten schließlich aus Deutschland – 90 % dagegen aus Rußland oder den Ländern der Donaumonarchie. Die Auswanderung wurde zum Massengeschäft, selbst dann noch, als die USA nach Jahrzehnten liberaler Praxis ab Anfang der 20er Jahre die Einwanderung kontingentierten und ihrerseits die Werber zu bestrafen versuchten.

In den USA klagte man über die mangelnde Integrationsfähigkeit und Anpassungsbereitschaft der deutschen Auswanderer – diese Argumentation erinnert fatal an die Beschwerden hierzulande über die Türken, die sich angeblich nicht in die westdeutsche Gesellschaft integrieren wollen. Die Weigerung der Deutschen, sich zu integrieren, veranlaßte Benjamin Franklin schon in der ersten Hälfte des 18. Jahrhunderts zu der Warnung, aus dem noch vorwiegend von Engländern besiedelten Pennsylvania doch ja keine Kolonie von Fremden werden zu lassen, »who will shortly be so numerous as to Germanize us instead of our Anglifying them« – da ist sie, die Angst vor der Überfremdung. Denn die Einwanderer aus Deutschland glucken zusammen, siedeln möglichst im Einzugsbereich anderer, meist vor ihnen ausgewanderter Landsleute.

Vom Auswanderungs- zum Einwanderungsland

Auswanderung ist also den Deutschen nicht fremd, aber der Blick zurück zeigt auch, daß Deutschland seit rund hundert Jahren ebenso ein Einwanderungsland ist: Auswanderung und Einwanderung erfolgen fast zeitgleich. Noch während die Auswanderungswelle in die USA neuen Höhepunkten zustrebt, wandern in die dadurch gerissenen Lücken vor allem Polen nach – Deutschland wird zum zweitgrößten Einwanderungsland nach den USA.

Ziel der Einwanderung ist u. a. der agrarische Osten des Deutschen Reiches: Die ostpreußischen Junker erfinden das Schlagwort von der »Leutenot«, weil die Tagelöhner von den ärmlichen Katen wegziehen und an der Ruhr zu Bergleuten und Stahlarbeitern werden. Das Schreckenswort von der Polonisierung Ostpreußens kommt auf, weil Hunderttausende von polnischen Erntearbeitern zur Saison die Arbeit übernehmen. Eine deutsche Feldarbeiterzentrale wird gegründet, die gezielt Polen, Ruthenen und Russen anwirbt – zwischen 700 000 und 800 000 Gastarbeiter zu Beginn des Jahrhunderts allein in Preußen.

Man rief Arbeitskräfte, es kamen Menschen – früh entstand die Angst vor der Überfremdung durch die, die da arbeiteten: Trotz massenhafter Einwanderung durfte nicht sein, was es tatsächlich war – Deutschland ein Einwanderungsland.

Ein rigides, typisch preußisches Verfahren sollte eine jährliche Zwangsrotation sicherstellen mit den Instrumenten »Legitimationszwang« und »Rückkehrzwang«: Legitimationszwang bedeutete verschärfte Ausländerkontrolle bei befristeten und jährlich neu zu beantragenden Arbeits- und Aufenthaltsgenehmigungen. Rückkehrzwang hieß, daß nach der Erntezeit die Gastarbeiter wieder zurückgeschickt wurden – Kinder hatten ohnehin jenseits der Grenze zu bleiben, Schwangerschaft war ein Ausweisungsgrund.

Gleichzeitig wurde versucht, die Bewegungsfreiheit der Polen und Galizier einzuschränken, um eine »Polonisierung« des Westens zu verhindern, die Aufenthaltsgenehmigung wurde auf Landkreise beschränkt.

Im Westen des Deutschen Reiches vermischten sich sehr bald zwei Bewegungsströme: die Binnenwanderung innerhalb des Deutschen Reiches, die viele Deutsche polnischer Abstammung aus Ostpreußen veranlaßte, in die schnell wachsenden Zechen des Ruhrgebiets abzuwandern. Dort trafen sie auf die Einwanderer aus Polen, jenseits der Grenzen des Reiches, die ebenfalls ihr Heil an der Ruhr suchten.

Ließ sich das jährliche Rotationsprinzip in der Landwirtschaft gerade noch durchhalten – in den Polenzechen des Ruhrgebiets konnte es nicht funktionieren, denn die Fabrikherren und Zechenbarone waren von vornherein auf Stammbelegschaften von Facharbeitern angewiesen. Ein Drittel der Belegschaften im Ruhrgebiet stammte schließlich aus dem Ausland – auch Italiener wanderten massenhaft ein, doch den Hauptanteil bildeten Polen: Schimansky läßt grüßen. Wobei man sich schon damals nicht ganz darüber klar war, wer von den Einwanderern eigentlich Pole war; denn nach der Gründung des Deutschen Reiches waren zahlreiche Polen – obwohl eigentlich polnischen Blutes – plötzlich deutsche Staatsbürger geworden. Doch sie hoffte man »germanisieren« zu können, wie es im damaligen Sprachgebrauch hieß. Wenn es nur nicht zu viele geworden wären vor allem dadurch, daß ihre Verwandten von jenseits der Grenze ebenfalls in den Westen kamen!

Und entsetzt registrierte die Ausländerbehörde des preußischen Innenministeriums 1906, »daß in den westlichen Provinzen, den bestehenden Bestimmungen zuwider, erhebliche Mengen ausländisch-polnischer Arbeiter in Bergwerken und industriellen Betrieben beschäftigt sind und daß die Wiederabschiebung der ausländischen Polen am Jahresschlusse nicht überall zur Durchführung gelangt«; außerdem würden diese Ausländer »trotz der bestehenden Aufenthaltsbeschränkungen stillschweigend jahrelang ununterbrochen in inländischen land- und forstwirtschaftlichen Betrieben beschäftigt und behördlicherseits geduldet«. Es sollte alles nichts helfen, die Polen blieben. In 19 sogenannten »Polenzechen« mit jeweils über 1 000 Beschäftigten bildeten die Polen mit mehr als 50 % die Mehrheit in den Belegschaften. Rund um die Zechen bildeten sich Siedlungen, in denen wiederum die polnischen Familien unter sich blieben. Stabile soziale Gemeinschaften entstanden so – in deren Wohnhäuser 70 Jahre später vielfach Türken einziehen sollten.

Aber es waren nicht nur die Polen, die nach Deutschland kamen – ihre Ballung im Ruhrgebiet ist wegen der großen Zahl wenigstens halbwegs dokumentiert. Andere Einwanderer gingen in der einheimischen Bevölkerung unter – etwa die Tschechen, die die süddeutschen Industrieregiere mit Stahlarbeitern beschickten. Oder die italienischen Eisenbahnbauer, die die Strecken in Bayern vorantrieben, und die Kroaten und Slowenen auf den Bauernhöfen. Die erste Volkszählung im Deutschen Reich erfaßte 1871 nur 207 000 Ausländer, 1910 aber schon das Sechsfache, nämlich 1,25 Millionen – ohne die ungezählten Illegalen. Nicht einmal Arbeitslosigkeit konnte der Einwanderung die Spitze nehmen – selbst in einer restriktiven Studie der damaligen Deutschen Gesellschaft zur Bekämpfung der Arbeitslosigkeit findet sich ein Satz, der von geradezu brennender Aktualität ist:

»Die Tatsache, daß inländische Arbeitslose vorhanden sind, darf keineswegs von vornherein die Einführung von Ausländern in allen Fällen ausschließen; es gibt gewisse schwere und schmutzige Arbeiten, zum Beispiel im Tiefbau, denen im allgemeinen inländische Arbeitskräfte auf die Dauer nicht gewachsen sind, und die auch von ihnen überhaupt nicht oder doch nur vorübergehend angenommen werden.« –

»Es geht somit bei der Arbeitskräftenachfrage nicht um Nationen (Deutsche oder Ausländer), sondern vielmehr um Qualifikationen«, formulierte ein Vertreter der Arbeitgeberverbände, um das Rotationsprinzip zu Fall zu bringen – doch dieses Zitat stammt aus dem Jahre 1981.

Damit kommt eines der wichtigsten Motive in die Diskussion der Wanderungsbewegung: Es sind die Arbeitgeber, die Fabrikanten und Unternehmer, die nach neuen Arbeitskräften gieren. Die Nachfrage nach Arbeitskräften wird zum wichtigsten Pull-Faktor, der Menschen anzieht – und festhält.

Auch andere Merkmale der heutigen Wandungsbewegung finden sich: Da ist die Kettenwanderung – ein Auswanderer zieht Nachahmer aus der eigenen Familie oder dem eigenen Dorf nach, und im Zielland bildet sich eine eigene Kolonie. »Little Germanys« bilden sich in den meisten amerikanischen Großstädten, und Städtenamen wie »Germantown« (Philadelphia), Frankenmuth, Klein-Hamburg, Neubraunfels (Texas) geben Auskunft über die Herkunft ihrer Bewohner. Im Ruhrgebiet wiederum bilden sich Polenkolonien, und es lassen sich stabile Beziehungen nachweisen zwischen den neuen Wohnorten im Westen Deutschlands und den Entsendedörfern im Osten. »So wie etwa Gelsenkirchen als Ostpreußen-Verteilstelle das ›interne New York‹ der Ostpreußen war, so gingen die in Massentransporten auf Empfehlung hin hier eintreffenden Neuen geradewegs in ›ihre‹ Städtebezirke und ›ihre‹ Betriebe der Montanindustrie«, so Klaus Bade über die einsiedelnden Polen. 1989 initiiert die Landesregierung von Nordrhein-Westfalen ein Gesetz, das eine gleichmäßige Verteilung der einreisenden Aussiedler über das gesamte Bundesgebiet sicherstellen soll: Denn auch 1989 sind bestimmte Städte wie Gelsenkirchen wieder Zielpunkt der polnischen Einwanderer. Zunächst kommen die Arbeitsimmigranten nur, um schnell Geld zu verdienen. Doch man bleibt – und holt die Familie nach. Gesetzgeberische Maßnahmen dagegen werden umgangen und unterlaufen – gemeinsam, von Arbeitnehmern und Arbeitgebern. Die Ehefrauen werden nachgeholt, neue Familien in der Fremde gegründet. Für die Kinder ist dies jedoch die einzige Heimat, die sie kennen.

Ein stiller Integrationsprozeß vollzieht sich – der sich allerdings über mindestens zwei Generationen erstreckt. Deutsche Namen werden amerikanisiert, polnische Namen eingedeutscht. Nur noch Endungen wie -ski/-sky oder -ow erinnern an die polnische Herkunft, Endungen wie -esch an die tschechische.

... und was hat sich geändert?

Der Strom der Deutschen ins Ausland hat sich reduziert: Aber immerhin noch rund 140 000 Ratsuchende jährlich zählt das Bundesverwaltungsamt für Auslandstätige und Auswanderer, das aus dem »Reichskommissariat für das Auswanderungswesen« über eine »Bundesstelle für das Auswanderungswesen« und ein »Bundesamt für Auswanderung« hervorgegangen ist. Noch immer wandern jährlich 60 000 Menschen aus der Bundesrepublik aus – die meisten davon in die USA, nach Kanada, Australien und bis Mitte der 80er Jahre nach Südafrika. Die Abgrenzung zwischen Auswanderung und zeitlich begrenzter Tätigkeit im Ausland ist fließend: »Viele Langzeittouristen sind de facto Gastarbeiter«, so die ILO. Wer geschäftlich Jahrzehnte im Auftrag einer Firma im Gastland lebt – ist er schon ein Auswanderer, ein verachteter Gastarbeiter? Zutreffend spricht das für die Auswandererberatung zuständige Bundesamt daher von »internationaler Mobilität«. Und die wird in den nächsten Jahrzehnten noch weiter zunehmen, bei Auswanderern, Gastarbeitern, Illegalen, international tätigem Personal von Staaten und Firmen.

Die Verhaltensweisen der wandernden, auf Arbeits- und Zukunftssuche befindlichen Menschen haben sich nicht geändert. Aber auch das Verhalten der sich von den Einwanderern bedroht fühlenden Menschen und Institutionen ist damals wie heute gleich: Alle Elemente der öffentlichen Diskussion Ende der 80er Jahre unseres Jahrhunderts sind 100 Jahre früher schon da:

– die Überfremdungsängste einer an nationalistischen Motiven orientierten Politik und ihrer Verwaltung;

– der Versuch, die Augen vor den Fakten zu verschließen, nämlich festzuhalten an der Fiktion, daß »Deutschland kein Einwanderungsland« ist oder sein soll: Und doch ist es genau das seit 100 Jahren, ein klassisches Einwanderungsland;

– vorhanden ist auch schon die Zwiespältigkeit der Industrie – sie gibt sich einerseits betont nationalistisch, argumentiert aber eher »international«, wenn die Arbeitskräfte knapp werden;

– und vorhanden ist schließlich auch das Auseinanderklaffen auf dem Arbeitsmarkt: Arbeitslosigkeit einerseits – zeitgleich andererseits der Bedarf an und die Nachfrage nach Zuwanderung von Arbeitskräften.

Die internationale Wanderung

Die Wanderungsbewegung war und ist keineswegs auf Deutschland beschränkt. 60 bis 70 Millionen Europäer – mehr als die Einwohnerzahl der Bundesrepublik – wanderten in die europäischen Kolonien aus. Doch mit dem Ende der Kolonialzeit haben sich die Wanderungen nicht reduziert – lediglich die Richtungen der Wanderungsströme änderten sich. Wanderarbeiter, oder »Gastarbeiter« im deutschen Sprachgebrauch, werden vom Internationalen Arbeitsamt (ILO) in Genf schon als eine »weitere Nation« der Europäischen Gemeinschaft bezeichnet. Acht von zehn Arbeitnehmern auf französischen Baustellen sind Nordafrikaner, Portugiesen oder Spanier. In Belgien besorgen Ausländer fast die Hälfte der gesamten Kohleförderung. Jedes sechste oder siebte Auto, das in der Bundesrepublik vom Band läuft, ist von einem Gastarbeiter hergestellt. Auf bis zu 25% Gastarbeiteranteil kommt die Schweiz. Ihr Tourismussektor ist fest in spanischer und italienischer Hand.

Doch die Wanderung, um Arbeit zu finden, ist mitnichten auf Europa beschränkt: Laut Schätzungen des »World Labour Report« des Internationalen Arbeitsamtes beläuft sich die Zahl der Gastarbeiter weltweit auf mindestens 20 bis 22 Millionen. Dabei handelt es sich um eine sehr vorsichtige

Schätzung – die tatsächlichen Zahlen dürften weit höher liegen. Nicht enthalten in dieser Statistik sind die legalen Einwanderer der USA, Australiens, Kanadas und Neuseelands und vor allem nicht die große Zahl der rund um den Erdball illegal arbeitenden Migranten. Zählt man sie dazu, sind es gegen 30 Millionen Arbeitsmigranten. Und nimmt man ihre Angehörigen noch hinzu, kommt man auf eine Zahl von 40 bis 60 Millionen Menschen – wahrlich eine »Nation« auf der Wanderschaft.

Die USA und Westeuropa haben mit je etwa 6,5 Millionen die meisten ausländischen Arbeitnehmer. Es folgen Lateinamerika mit rund 4 Millionen, der Nahe Osten und Nordafrika mit 2,8 Millionen und Westafrika mit 1,8 Millionen.

Ohne Gastarbeiter wären manche Volkswirtschaften schlechterdings nicht denkbar: In den Golfstaaten, Kuweit und den Arabischer Emiraten zählte die ILO bis zu 85% Gastarbeiteranteil an der Erwerbsbevölkerung – mit ständig steigender Tendenz. Neun von zehn Gastarbeitern dieser Staaten kommen aus Ländern der Dritten Welt – vorwiegend aus Indien und Pakistan. In indischen Dörfern ändert sich die Währung, mit der Eltern die Mitgift für die Töchter bezahlen: Nicht mehr Vieh oder Gold gelten als begehrte Mitgift – sondern ein Arbeitsvertrag für den jungen Ehemann, der ihm ermöglicht, in einem der Ölländer Geld zu verdienen. Die Einkommensunterschiede sind enorm: Rund das 20fache eines indischen Einkommens beträgt der Verdienst in den Erdölstaaten. 625 Millionen Mark Gastarbeiterüberweisungen fließen jährlich an den indischen Bundesstaat Kerala, einen der Hauptlieferanten für die Arbeitsmärkte am Golf.

Allein 1981 verdienten die südkoreanischen Bauarbeiter im Nahen Osten die beeindruckende Summe von 13 Milliarden Dollar. Mehr Geld zu verdienen als zu Hause ist das Hauptmotiv für die Wanderungsbewegung. »Je niedriger das Pro-Kopf-Bruttosozialprodukt eines Herkunftslandes ist, um so mehr neigen seine Arbeitnehmer dazu, ins Ausland zu gehen. Je höher umgekehrt das Pro-Kopf-Bruttosozialprodukt eines Aufnahmelandes ist, um so größer ist der Anteil seiner ausländischen Arbeitskräfte«, verallgemeinert die ILO die wirtschaftlichen Triebkräfte der Wanderung. Doch dieses Erklärungsmodell vereinfacht zu stark. Die Wanderungsbewegung vollzieht sich nicht zwischen dem ärmsten und dem reichsten Land: Die Gastarbeiter der Bundesrepublik kommen schließlich nicht aus den ärmsten der armen Länder, wie Bangladesh oder Äthiopien. Vielmehr spielen nachbarschaftliche, soziologische, kulturelle und historische Faktoren bei der Auswahl des Gastlandes eine wichtigere Rolle als das größtmögliche wirtschaftliche Gefälle. Die Wanderung vollzieht sich in Stufen: Gesucht wird eine wirtschaftliche und soziale Lage, die mindestens eine Stufe höher ist als die im Heimatland. Die Höhe der Stufe, die dabei überwunden wird, ermittelte das Züricher Institut für Wirtschaftsforschung bereits in den 60er Jahren mit dem Reallohnverhältnis von 1:2 bis 1:5 – im Einwanderungsland müssen die Löhne mindestens doppelt so hoch sein wie im Auswanderungsland, um die Hemmschwelle für die Migration zu beseitigen.

Einen allgemeinen Rahmen für die Auswanderungsmotive und -bewegungen entwickelte der Migrationsforscher E. G. Ravenstein und erstellte damit die noch heute gültigen theoretischen Grundlagen für das Beziehungsgeflecht. Seine Kategorien der Wanderungsbewegung:

Migration und Entfernung: Die Wanderung vollzieht sich zunächst zwischen näher gelegenen Gegenden, und ihr Zielpunkt sind die Zentren von Industrie und Wirtschaft.

Stufenweise Migration: Doch der Zuzug bleibt nicht auf die jeweils nächstgelegenen Zentren beschränkt, sondern sucht immer weiter entfernt liegende Zielpunkte.

Strom und Gegenstrom: Die Wanderungsbewegung vollzieht sich jedoch nicht nur in eine Richtung, sondern lockt Gegenströme an: Nachwanderer und Rückwanderer in die sich entleerenden Räume – Enttäuschte, deren Hoffnungen sich im Zielland nicht erfüllten.

Unterschiede zwischen Stadt und Land: Die Landbevölkerung neigt eher zur Aus- und Abwanderung als die Bevölkerung der Städte. Damit bewirken die Wanderungsbewegungen eine Verstädterung.

Migration, Technik und Kommunikation: Mit der Zunahme

von Technik, Industrie und Kommunikationsmöglichkeiten werden sich die Wanderungsbewegungen eher verstärken.

Hauptmotiv der Migration: Ihr Hauptmotiv ist und bleibt die wirtschaftliche Absicht, der Wille, die eigene wirtschaftliche Lage zu verbessern. Doch dieser Motivation stehen auch Hemmnisse entgegen: Solche Hemmungen liegen einmal in der Person des Betreffenden und hängen zusammen mit Alter, Geschlecht, Gesundheit, Familienstand, Kinderzahl. Jüngere, ledige Männer mit guter Gesundheit stellen die große Zahl der Auswanderer. Das Mobilitätsverhalten zeigt in Abhängigkeit vom persönlichen Lebenszyklus einen typischen Verlauf und erreicht bereits im Alter von 25 Jahren seinen Höhepunkt, um dann rasch zurückzugehen, wie soziologische Untersuchungen übereinstimmend zeigen.

Mit Ravensteins Kategorien wird der Marsch der Arbeitsuchenden rund um den Erdball verständlicher: Arbeitskräfte aus Ländern der mittleren Einkommenskategorie wandern in die reichen Industrieländer – ihre Plätze nehmen Nachrücker aus der Gruppe der ärmsten Länder wahr. Es wiederholt sich das Muster, das bei der Beschreibung der Wanderung im Deutschen Reich entwickelt wurde: Zur gleichen Zeit kann ein Land Einwanderungs- *und* Auswanderungsland sein. So stammt schätzungsweise die Hälfte der US-Gastarbeiter aus Mexiko – sie kommen meist illegal über die rund 3 200 km lange Grenze. Doch Mexiko wird seinerseits wiederum zum Einwanderungsland von weiter südlich gelegenen Ländern Mittelamerikas; Menschen aus El Salvador und Nicaragua, Panama und Peru füllen die Lücken, die die mexikanischen Auswanderer reißen.

Seit dem Ausbrechen des staatlichen Terrors in China wird Hongkong zum Auswanderungsland für jene Hongkong-Chinesen, die sich vor der Übernahme der Macht durch Pekings Kommunisten fürchten. Vor den Konsulaten der mit Hongkong befreundeten Länder bilden sich Schlangen von Ausreisewilligen. Die kanadische Stadt Vancouver hat wegen ihrer 130 000 meist aus Hongkong stammenden chinesischen Einwanderer den Spitznamen Hongcouver erhalten. Gleichzeitig wird Hongkong zum Ziel von Einwanderung – Flüchtlinge vom chinesischen Festland und aus Vietnam gehen dort an Land und werden in unmenschlichen Sammellagern zusammengepfercht. Die Lücken auf dem Arbeitsmarkt Hongkongs füllen Philippinos: Schon seit Jahren werben Job-Vermittlungsagenturen auf großflächigen Plakaten und auf Hongkongs Stadtbussen für die stets freundliche und perfekte philippinische Hausgehilfin – die Zahl wird auf 42 000 Philippinas und 9 000 Malaiinnen geschätzt.

Die Philippinen werden damit zum Arbeitskräftereservoir der sich schnell industrialisierenden Staaten des pazifischen Beckens! Nach offiziellen philippinischen Angaben befinden sich rund 500 000 Philippinos mit offiziellen Arbeitsverträgen im Ausland. Doch es wird geschätzt, daß etwa 1,5 Millionen Philippinos als Touristen getarnt nach Übersee gegangen sind und ohne jeglichen Schutz illegal arbeiten. Allein in Taiwan soll es rund 100 000 illegale Arbeitskräfte aus den Philippinen geben, und im Stadtstaat Singapur werden 50 000 Haushaltsgehilfinnen aus den Philippinen und aus Thailand gezählt.

Je nach wirtschaftlicher und politischer Lage können sich alte Wanderungsströme umkehren: Peruaner japanischer Abstammung, zu Beginn des Jahrhunderts zur Ausbeutung der Kupferminen angeworben, kehren, getrieben von der wirtschaftlichen Krise des Andenlandes, in ihr ursprüngliches Heimatland zurück. Ähnliches wiederholt sich in Argentinien: Die Kinder italienischer Einwanderer versuchen, nach Italien zurückzukehren, solange noch über die ursprüngliche Staatsbürgerschaft der Eltern ein italienischer Paß erhältlich ist. Allein im norditalienischen Udine gibt es bereits 2 000 Rückwanderer aus Argentinien.

Setzt sich erst einmal ein Teil der Bevölkerung in Bewegung, kann es schnell zu einem Bevölkerungsaustausch in größerem Rahmen kommen: So warben französische Arbeitgeber bereits in den 50er Jahren verstärkt in Norditalien Arbeitskräfte an. Die Folge war eine Nachwanderung aus dem Mezzogiorno nach Mailand. Die später auf den internationalen Arbeitsmärkten auftretenden deutschen Anwerber wiederum wichen auf Süditalien aus und lösten noch weiter nach Süden führende Wanderungsströme aus: Nach vorsichtigen

Schätzungen der ILO leben in Süditalien mittlerweile rund 800 000 illegale Einwanderer, vor allem aus Nordafrika, aber auch aus Asien, den Philippinen oder den Kapverdischen Inseln. Allein in Neapel, einer Stadt mit 250 000 registrierten Arbeitslosen, leben 80 000 neri più neri, Schwarzafrikaner. Insgesamt gibt es im Gastarbeiter-Exportland Italien, addiert man legale und illegale Einwanderer, bereits rund 1,5 Millionen Gastarbeiter aus anderen Ländern.

Aus Süditalien wanderten in den vergangenen 100 Jahren bis zu 30 Millionen Menschen aus – jetzt wird es zum Einwanderungsland. »Es gibt für jeden immer einen Südländer«, sagt der Philosophieprofessor Bellavista in einer humoristischen Erzählung des neapolitanischen Schriftstellers Luciano da Crescenzo über die Nordwanderung der Arbeitskräfte.

Eine der Ursachen für diesen »Umschlag« der Beschäftigten liegt darin, daß die Überweisungen der im Ausland lebenden Gastarbeiter den Verwandten in der Heimat einen vergleichsweise hohen sozialen Standard ermöglichen. Damit aber sind sie ihrerseits nicht bereit, eine Tätigkeit auszuüben, die sie als sozial minderwertig betrachten – und die vielleicht die Quelle der monatlichen Überweisung aus Deutschland ist: So gehen in der Bundesrepublik viele Sizilianer einer Beschäftigung nach, die wegen ihrer sozialen Tabuisierung von Deutschen abgelehnt wird. Die Angehörigen in Sizilien wiederum haben einen sozialen Status erreicht, der ihnen verbietet, gerade diese Tätigkeit dort selbst auszuüben. Vielfach ist es damit unmöglich, für eine im Herkunftsland gesellschaftlich tabuisierte oder minderwertige Tätigkeit einheimische Arbeiter anzuwerben, so daß selbst in ärmsten Regionen diese Arbeiten wiederum von Gastarbeitern ausgeübt werden: Es kommt zu einer gesellschaftlichen Klassierung rund um den Erdball – jeder hat seinen Südländer.

4. KAPITEL

Menschen auf der Flucht

»Schaut uns an, wir verschwinden.
Es gibt kein Wasser mehr,
um die Feuer zu löschen.
Es gibt kein Holz mehr,
um Feuer zu machen.
Schaut uns an, wir verschwinden.«

(Voodoo-Song, Haiti)

Wenn die »großen Blumen« verdorren

Haiti, von seinen Ureinwohnern einst »Land der großen Blumen« genannt, droht in den nächsten zwanzig Jahren zu einer
trostlosen Steinwüste zu werden, von seinen Bewohnern verlassen. Die Insel ist in einem ökologischen Teufelskreis gefan-
gen. Die rasch wachsende Bevölkerung holzt die Wälder der
Insel ab, um Feuerholz für die Küchenherde und die Klein-
industrie zu gewinnen: 72% des gesamten Energiebedarfs der
Insel werden durch Holz gedeckt. Doch das Abholzen der
Wälder hat katastrophale Folgen: Der tropische Regen reißt
die fruchtbare Erde von den Feldern ins Meer und hinterläßt
eine steinige Wüste. Es gibt kein Holz mehr, um Feuer zu machen. Ohne die wie riesige Regenspeicher wirkenden Wälder
werden aber auch die Quellen und Brunnen nicht mehr ge-
speist. Es gibt kein Wasser mehr, um die Feuer zu löschen.
Und: Die ins Meer gespülte Erde verschlammt die früher ar-
ten- und fischreichen Korallenbänke; die Netze der Fischer
bleiben leer. Die Haitianer sind zu einem »Volk auf dem Weg
geworden«, so eine internationale Umweltschutzorganisa-
tion. Der Weg führt von den Dörfern zunächst in die Slums

der Inselhauptstadt Port-au-Prince und von dort nach Mexiko, nach Florida.

Haiti ist kein Einzelfall, und der Zahl der betroffenen Menschen nach nicht einmal besonders aufsehenerregend. Aber die ökologische Katastrophe wiederholt sich in vielen Ländern der Dritten Welt. Jedes Jahr trägt allein der Ganges 1,46 Millionen Tonnen fruchtbare Ackerkrume in Indien, Bangladesh und Nepal ab und schwemmt sie in die Bucht von Bengalen. Im Afrika südlich der Sahara haben sich 65 Millionen Hektar Böden zwischen Land und Wüste, auf denen umherziehende Nomadenstämme ihr Auskommen fanden, in den letzten fünfzig Jahren in totale Wüste verwandelt, verursacht auch hier durch das Zusammenwirken von Überbevölkerung und Überweidung – Zerstörung der Zukunft, um in der Gegenwart noch einen Tag leben zu können. Von Brennholzknappheit sind inzwischen weltweit schätzungsweise 1,3 Milliarden Menschen betroffen, und diese Zahl kann bis Ende des Jahrhunderts auf 3 Milliarden anwachsen. Ungefähr 70% des Grundwassers in Indien sind durch Abwässer und giftige Abfälle verseucht. Tropische Regenwälder werden mit einer Geschwindigkeit von 11 Millionen Hektar pro Jahr gefällt; 26 Milliarden Tonnen Ackerboden werden jährlich weggewaschen, 6 Millionen Hektar neuer Wüstengebiete bilden sich pro Jahr.

Damit entsteht ein neues Millionenheer von Flüchtlingen: Menschen, die vor den ökologischen und sozialen Katastrophen ihrer Heimat fliehen. Mehr als 60 000 Männer verlassen jährlich das von Dürreperioden heimgesuchte Burkina Faso und suchen sich im Nachbarland Elfenbeinküste Arbeit. Zwei Drittel von ihnen kommen nie mehr zurück. In Kenia hat sich die Größe des Landes, das eine Familie im Durchschnitt bewirtschaftet, seit 1969 halbiert. Die Einwohnerzahl Nairobis hat sich versechsfacht. Immer mehr Menschen fliehen »vor der Zerstörung des traditionellen Lebensraums aufgrund schwerer ökologischer Belastungen oder vor unerträglich gewordenen Lebensbedingungen aufgrund von Überbevölkerung, Armut und Arbeitslosigkeit, die selbst wiederum ihre tieferen Ursachen in fallenden Rohstoffpreisen, nationaler

Verschuldung, einer falschen Wirtschaftspolitik und all den anderen bekannten internen und externen Ursachen von Unterentwicklung haben«, so der wissenschaftliche Beirat des Entwicklungshilfeministeriums in einem Memorandum zur Weltflüchtlingsproblematik. Sicher – Flucht vor Dürre und Trockenheit hat es in der Geschichte der Menschheit immer gegeben, auch Flucht vor einer durch den Menschen zerstörten Ökologie: Zehntausende amerikanischer Farmer flüchteten in den 20er Jahren, als Stürme die ausgelaugten und schutzlos daliegenden Äcker im mittleren Westen fortrissen. Aber neu ist das globale Ausmaß der Fluchtbewegung: Unter der Überbeanspruchung der natürlichen Ressourcen kippen riesige ökologische Systeme um – z. B. in der Sahelzone. Millionen von Menschen werden in Grenzgebiete abgedrängt, deren Besiedlung bisher zu Recht als zu gefährlich galt: Sie besiedeln die steilen Abhänge um Rio de Janeiro – und bei Bergrutschen nach Regenfällen brechen ganze Stadtteile in Schlamm und Schutt zusammen. Sie besiedeln die Flußmündungsgebiete in Bangladesh – und periodisch auftretende Überschwemmungen treffen Millionen von Menschen. Ins traditionelle begriffliche Schema passen diese Umweltflüchtlinge nicht. Schließlich lautet der entsprechende Grundgesetzartikel: »Politisch Verfolgte genießen Asylrecht« und nicht: »Menschen in Not erhalten Hilfe«.

Alte und neue Flüchtlingsströme

Auch die Genfer Konvention von 1951 erkennt nur Menschen als Flüchtlinge an, die »aus der begründeten Furcht vor Verfolgung wegen ihrer Rasse, Religion, Nationalität, Zugehörigkeit zu einer bestimmten sozialen Gruppe oder wegen ihrer politischen Überzeugung« die Grenzen ihres Heimatstaates überschritten und in anderen Staaten Zuflucht gesucht haben. Der neue Typus von Flüchtlingen, der in den vergangenen Jahrzehnten entstanden ist, paßt nicht in dieses Schema, das sich an den Erfahrungen des Zweiten Weltkriegs orientiert. Für die Betroffenen macht es keinen Unterschied, ob sie ihre Heimat aus Angst vor Verfolgung durch menschenverachtende Regime verlassen oder weil sie und ihre Familien dort zu verhungern drohen. Die Unterscheidung zwischen »politischen Flüchtlingen«, »Armutsflüchtlingen«, »Umweltflüchtlingen« und »Wirtschaftsflüchtlingen« ist ohnehin problematisch, weil politische Gewalt und Mißachtung von Menschenrechten einerseits und wirtschaftliche und soziale Probleme andererseits eng verflochten sind. Ist der Flüchtlingsbegriff der Genfer Konvention schon sehr eng, so verengt das bundesdeutsche Asylrecht das Spektrum noch weiter. Armuts-, Umwelt- und Wirtschaftsflüchtlinge werden von vornherein wegdefiniert. Die Verfahrenspraxis des deutschen Asylrechts ist darauf gedrillt, »echte« politische Flüchtlinge von den nur »habgierigen« Wirtschaftsflüchtlingen zu unterscheiden. Es liegt der Verdacht nahe, daß politische Flüchtlinge abgelehnt werden, weil ihnen *auch* wirtschaftliche Motive nachgewiesen werden können.

Stellen wir uns einfach vor, das bundesdeutsche Asylrecht hätte bereits in den Jahren 1933 bis 1939 gegolten – in den Ländern, in die deutsche Juden vor den Nazis flüchteten. Es begann ja nicht gleich mit Massenmord, sondern zuerst gab es Schikanen und Diskriminierung, später dann Berufsverbote für Ärzte und Rechtsanwälte, Druck auf Geschäftsleute, keine neuen Engagements für Künstler an staatlichen Bühnen und beim Rundfunk. Hunderttausende von Juden flüchteten nicht in Panik, sondern versuchten noch geordnet auszureisen, von der Naziregierung im übrigen dazu ›ermuntert‹. (Ein generelles Ausreiseverbot, dem die Deportationen folgten, wurde am 23. Oktober 1941 erlassen.) Bundesdeutsche Asylbeamte in Frankreich oder der Tschechoslowakei hätten vor diesem Hintergrund vielfach die Asylberechtigung verneint – handelte es sich nicht einfach um Wirtschaftsflüchtlinge? Fehlte nicht das Charakteristikum einer spontanen Flucht vor einer unmittelbaren Bedrohung? Immerhin fanden noch 1936 Olympische Spiele in Deutschland statt, die Welt war zu Gast bei den Nazis und Auschwitz noch weit entfernt.

Oder doch nicht? Wer heute in Erwartung einer Gefahr

vor dem »sich aufbauenden Bedrohungshorizont« flieht – so die Rechtsprechung dazu –, ohne schon tätlich verfolgt zu sein, findet keine Gnade vor dem bundesdeutschen Asylrecht. Die allgemeine politische Stimmungslage und mit ihr die Asylpolitik können andererseits auch positiv für bestimmte Flüchtlingsgruppen umschlagen. Die Verschränkung von politischen, rassischen und wirtschaftlichen Motiven wurde z. B. vorübergehend zugunsten der Flüchtlinge aus Vietnam ausgelegt – Folge unseres schlechten Gewissens. Die erste Welle von Flüchtlingen kam 1975 unmittelbar nach dem Fall Südvietnams, und es waren in erster Linie Anhänger der alten Regierung oder des amerikanischen Bündnispartners. Dann ebbte der Flüchtlingsstrom bis 1978 ab, dem Jahr, in dem die neue vietnamesische Regierung wirtschaftliche Reformen in Angriff nahm: Kleingewerbe und Handel wurden zerschlagen, die in diesen Bereichen tätigen Menschen in neue Wirtschaftszonen umgesiedelt. Diese Reformen trafen in erster Linie Chinesen, die als Händler und Kleinunternehmer tätig waren – aber auch vietnamesische Bürger. Mit dem Zunehmen der Spannungen zwischen Vietnam und China trat ein rassistisches und nationalistisches Motiv hinzu. Die Flucht, die aus wirtschaftlichen Motiven begonnen hatte, wurde wiederum in der Bundesrepublik als Flucht vor den kommunistischen Machthabern gewertet und führte deshalb zu einer vergleichsweise großzügigen Aufnahme und Behandlung.

Doch wie auch immer im Einzelfall entschieden wird – »reinrassige« Fluchtmotive gibt es nicht. Wie fragwürdig die Aufspaltung des Flüchtlingsbegriffs ist, formulierte der frühere Präsident des Bundesverfassungsgerichts, Wolfgang Zeidler: Viele der schlimmsten Verfolgungstatbestände bis hin zum »organisierten Massenmord« ließen sich kaum dem »klassischen Begriff der politischen Verfolgung zuordnen«, solange man »dessen Bedeutungsgehalt nicht weit über den herkömmlichen Bereich ins Uferlose erweitern will«. Das heißt, der Begriff der Verfolgung nach dem Asylrecht erfaßt nur einen Bruchteil der tatsächlichen Verfolgung – die meisten Flüchtlinge fallen durch das Raster der Rechtsprechung.

Dies um so mehr, als sich die Gründe für Fluchtbewegungen verschieben und verschoben haben.

Die historischen Ursachen und Gründe für Fluchtbewegungen der letzten vierzig Jahre hat der Politologe Franz Nuscheler herausgearbeitet. Er nennt als erstes den Zerfall der Kolonialreiche: Nach dem Abzug der Kolonialarmeen brachen Konflikte in den künstlich gebildeten Staaten aus – zwischen unterschiedlichen Stämmen, Religionen, sozialen Klassen und Machteliten; es kam zu Bürgerkriegen und Sezessionskriegen wie in Äthiopien, Nigeria/Biafra, Sudan. Es kam zu dem Versuch, die willkürlich zusammengewürfelten Vielvölkerstaaten zu neuen Nationen zu homogenisieren, wie etwa in Indien, wo die Hindu-Minderheit versucht, andere ethnische Gruppen zu majorisieren. Koloniale Staatsgebiete wie in Vietnam, Korea, Palästina oder Indien/Pakistan/Bangladesh wurden geteilt. Ethnische, soziale, religiöse und machtpolitische Konflikte führten zum Massenmord an Hindus und Moslems bei der Teilung Britisch-Indiens in Indien und Pakistan.

Darüber hinaus sucht sich der Ost-West-Konflikt seine Austragungsorte in der Dritten Welt und ist damit einer der entscheidenden Faktoren für Massenfluchtbewegungen. Die Spannungen zwischen den Machtblöcken entladen sich in Stellvertreterkriegen an den Rändern der Machtblöcke oder verschärfen lokale Konflikte.

Auch Menschenrechtsverletzungen in Diktaturen führen immer wieder zu Massenflucht – so in Europa nach der Niederschlagung demokratischer Bewegungen in der DDR, Ungarn, der Tschechoslowakei durch russische Panzer und kommunistische Parteien, aber auch in China, Vietnam und Chile.

Und natürlich löst die durch Entwicklungskrisen und Armut verursachte Massenverelendung häufig Massenflucht aus.

Flüchtlinge weltweit

Je nachdem, wie man »Flüchtling« definiert, unterscheiden sich die Angaben über die Flüchtlingszahlen: So bewegten sich die Statistiken des Amts des Hohen Flüchtlingskommissars (UNHCR) in Genf in den 80er Jahren auf dem Niveau von 12 bis 15 Millionen Menschen, wobei sich die Zahl der Flüchtlinge bis Ende der 80er Jahre auf 18 Millionen erhöhte. Das Umweltprogramm der Vereinten Nationen (UNEP) oder Experten des Internationalen Roten Kreuzes in Genf kommen auf eine halbe Milliarde Flüchtlinge weltweit. Vor dem Hintergrund der sich verschärfenden ökologischen und sozialen Katastrophen erwarten diese Organisationen sogar einen Anstieg auf eine Milliarde Flüchtlinge bis zum Ende des Jahrtausends.

Mit der Verschiebung der Ursachen verlagert sich auch die geographische Verteilung der Flüchtlinge. So befinden sich von den ca. 13,3 Millionen Flüchtlingen, die die Statistiken des »World Refugee Survey« von 1987 zählten, über 12 Millionen in Ländern der Dritten Welt: 3,4 Millionen in Pakistan, 2,6 Millionen im Iran, 800 000 im Sudan, 840 000 in Somalia, 700 000 in Äthiopien, 627 000 in Malawi, 400 000 in Thailand, 267 000 in Burundi. Nach wie vor ungelöst ist das Problem von 2 Millionen palästinensischer Flüchtlinge in den arabischen Staaten. In Mexiko und Zentralamerika hatten Bürgerkriege die Flucht von 300 000 Menschen zur Folge. Der Strom der Flüchtlinge erreicht auch Westeuropa – zum großen Teil kommen diese Flüchtlinge aus den Ostblockländern. Überfüllte Aufnahmelager in Ungarn und Österreich, Zeltstädte und Massennotquartiere in der satten und reichen Bundesrepublik für Flüchtlinge aus der DDR zeigen, daß Fluchtbewegungen auch im scheinbar stabilen Europa losbrechen können: Plötzlich geht das Gespenst der Heimatlosigkeit wieder um, das für immer gebannt schien.

Insgesamt werden die Menschen, die im Laufe des vergangenen Jahrzehnts in Westeuropa Asyl suchten, auf mehr als 1 Million Menschen geschätzt. Damit gelangen von allen auf der Welt flüchtenden Menschen – die in den Statistiken nicht erfaßten Abermillionen von Umweltflüchtlingen sind dabei, noch gar nicht mitgezählt – gerade 5 % nach Westeuropa. »Das ist im Vergleich zu der Zahl der Flüchtlinge in verschiedenen Entwicklungsländern noch immer minimal und stellt angesichts des Wohlstands Westeuropas weder eine unerträgliche finanzielle Belastung noch eine Herausforderung des bestehenden Asylrechts dar«, so die Wissenschaftlerkommission des Entwicklungshilfeministeriums.

Völlig unverständlich wird das Gerede bei uns von der angeblichen Überflutung durch Flüchtlinge, wenn man die Zahl der Einheimischen pro Flüchtling in den verschiedenen Ländern vergleicht (so der UN- Flüchtlingskommissar für 1986):

3 Einheimische kommen in Somalia auf einen Flüchtling, 5 in Jordanien. In anderen Entwicklungsländern sieht das Verhältnis von x Einheimischen auf 1 Flüchtling so aus:

Djibouti	10
Libanon	14
Burundi	19
Sudan	35
Syrien	41
Pakistan	62
Zaïre	73
Honduras	115
Uganda	122
Thailand	125
Hongkong	145
Costa Rica	164.

Geradezu bescheiden sind dagegen die Flüchtlingszahlen in den Industriestaaten, wobei die Schweiz und die USA hier die Liste anführen. Auf einen Flüchtling kommen
in der Schweiz 190 Einheimische

in den USA	231
in Frankreich	333
in Großbritannien	364
in Schweden	415
in Belgien	430.

Und dann folgt mit langem Abstand die Bundesrepublik mit 617 Einwohnern, die einen Flüchtling zu verkraften haben.

Flüchtlingspolitik mit Zahlenspielen

Wie viele Flüchtlinge leben in der Bundesrepublik? Bei der Beantwortung dieser scheinbar so einfachen Frage wiederholt sich das Dilemma der bundesdeutschen Ausländerpolitik: Sind die Übersiedler aus der DDR und die Aussiedler aus Polen Flüchtlinge und den Asylbewerbern gleichzustellen, wenn sie aus ähnlichen Motiven ihre Heimat verlassen? Je nach Beantwortung dieser Frage kommt man aber zu einer ganz unterschiedlichen Beurteilung der Belastung der Bundesrepublik durch Flüchtlinge.

Traditionell versucht das Bonner Innenministerium die Zahl der Aus- und Übersiedler eher zu niedrig anzugeben – man fühlt sich dem nationalen Geist verpflichtet und will Heimat aller Deutschen sein, woher auch immer sie kommen, will aber die Geduld der Bevölkerung hier nicht überstrapazieren. Umgekehrt wird die Zahl der nicht deutschen Flüchtlinge zu hoch angesetzt: Auf über 800 000 rechnet das Innenministerium ihre Zahl hoch und kommt damit auf eine übermäßige Belastung im internationalen Vergleich. Danach leben derzeit in der Bundesrepublik

- rund 200 000 Asylbewerber
- 80 000 Asylberechtigte
- 33 000 Kontingentflüchtlinge
- 300 000 De-facto-Flüchtlinge
- 160 000 Angehörige von Asylbewerbern und Asylberechtigten
- rund 36 400 heimatlose Ausländer.

Doch es sind erhebliche Zweifel an diesen Zahlen angebracht – sie werden hochgerechnet, um eine übermäßige Belastung zu suggerieren: Die heimatlosen Ausländer – Verschleppte der Nazis bzw. deren Kinder – lebten hier schon, noch bevor die Bundesrepublik überhaupt gegründet wurde, und sind völlig in die deutsche Gesellschaft integriert. Sie können wohl kaum als Ausländer gezählt werden, auch wenn sie de jure keine deutschen Staatsangehörigen sind. Auch die Zahl der Angehörigen von Asylberechtigten ist überzogen – »die Schätzung beruht auf der Annahme, daß jeder Asylberechtigte durchschnittlich zwei Familienangehörige hat, die selbst nicht asylberechtigt sind«, so das Innenministerium über seine Daumenregel, die jeder statistischen Grundlage entbehrt.

Eine genaue Erfassung der De-facto-Flüchtlinge gibt es ebensowenig – ihre Zahl wird einfach fortgeschrieben: Abgelehnte Asylbewerber, die nach der Genfer Konvention nicht abgeschoben werden dürfen, werden zahlenmäßig der Gruppe der De-facto-Flüchtlinge zugeschlagen. Doch erfahrungsgemäß reisen viele von ihnen aus der Bundesrepublik wieder aus, ohne daß ihre Ausreise registriert würde. Umfragen kirchlicher Organisationen bei den Ausländerbehörden legen nahe, daß tatsächlich höchstens 130 000 De-facto-Flüchtlinge in der Bundesrepublik leben. Auch die Kontingentflüchtlinge – meist vietnamesische Boat people oder chilenische Flüchtlinge – dienen zur Zahlenmanipulation: Viele von ihnen werden gleichzeitig als Asylberechtigte gezählt und erscheinen damit in der Statistik zweimal, ebenso ihre Familienangehörigen.

Tatsächlich dürfte also die Flüchtlingszahl in der Bundesrepublik Deutschland um 200 000 bis 300 000 niedriger liegen als vom Bundesinnenministerium angegeben, so das Fazit, das die Kirchen gemeinsam mit einer Reihe von CDU-Politikern ziehen.

Doch sind zu diesen Zahlen nicht auch die Aus- und Übersiedler hinzuzuzählen, die zwar sofort die deutsche Staatsangehörigkeit erhalten, aber trotzdem ähnlich mittellos wie ausländische Flüchtlinge hier ankommen und beginnen müssen, sich eine Existenz aufzubauen? Aussicht, als Asylberechtigte anerkannt zu werden, hätten sie nur in den allerwenigsten Fällen. Denn schließlich schreibt das Asylverfahrensgesetz vor, daß die Verfolgungsmaßnahmen »nach ihrer Intensität und Schwere ... über das hinausgehen« müssen, »was die Bewohner des Heimatstaates aufgrund des dort herrschenden Systems allgemein hinzunehmen« haben. Mit anderen Worten: Unzufriedenheit mit der politischen Unfreiheit in der DDR rechtfertigt keinen Asylantrag.

Ähnliches gilt für Polen oder Polendeutsche, die nur in Einzelfällen Diskriminierung wegen ihrer Herkunft nachweisen könnten. Immigranten aus Polen sind entweder klassische Einwanderer, die in einer neuen Heimat eine materiell bessere Zukunft suchen – oder in zunehmendem Maße Wirtschafts- und Umweltflüchtlinge. Seit 1980 haben über 1,1 Millionen Polen ihr Heimatland verlassen, überwiegend jüngere, qualifizierte, gebildete Menschen. In seiner schweren Geschichte hat Polen die verschiedensten Emigrationswellen erlebt, aber kaum eine war in Dynamik, Motivation und Richtung so ausgeprägt wie die jüngste, bilanziert der Polenexperte Wolf Oschlies. Rund 38 Millionen Einwohner hat Polen, aber weitere 13 bis 15 Millionen Polen leben im Ausland. Hauptzielländer sind die USA, Kanada, Frankreich und die Bundesrepublik. Als Hauptgrund für die Massenauswanderung wird die hoffnungslose wirtschaftliche und soziale Lage angegeben. So ermittelt Oschlies aus Umfrageergebnissen, »daß die meisten aus Polen ausreisen wollen, weil die meisten Polens politische und wirtschaftliche Gegenwart und Zukunft als hoffnungslos ansehen«. Dazu kommt eine Umweltzerstörung katastrophalen Ausmaßes vor allem in den städtischen Ballungsgebieten – nur knapp 5% der Flußläufe gelten als sauber, 50% jedoch sind so verschmutzt, daß sie nicht einmal für industrielle Kühlzwecke taugen. Die Folge sind anomale Schwangerschaften, Säuglingssterblichkeit und ein katastrophaler allgemeiner Gesundheitszustand. »Polski desant – Drang nach Westen«, umschreibt eine polnische Zeitung die Absatzbewegung. Ganz gleich, in welches Land, und ganz gleich, wie: Hauptsache, in den Westen. Für Polen, die ihre deutsche Abstammung nachweisen können, bietet sich die Bundesrepublik an. Weitere rund 700 000 Polen reisen mit Touristenvisa in die Bundesrepublik ein. Es ist ein offenes Geheimnis, daß es sich dabei um versteckte Arbeitsimmigration handelt! Nicht Urlaub soll in Deutschland gemacht werden, sondern Schwarzarbeit wird geleistet. An einem Arbeitstag auf einem deutschen Bauernhof zur Erntezeit oder bei einer Polenkolonne auf einer deutschen Baustelle wird mehr verdient als in einem ganzen Monat in Polen, das ist die Rechnung. Der Schwarzmarktpreis für die Deutsche Mark lag im Sommer 1989 bei 1 600 Zloty, so daß bei nur 5 DM Stundenlohn 8 000 Zloty verdient werden, mit Überstunden täglich also 80 000–100 000. Ein Akademiker verdient in Polen im Monat rund 50 000 Zloty. Da wird der Drang nach Westen verständlich – und zeigt ein einleuchtendes Einwanderungsmotiv, das die deutsche Volkszugehörigkeit, politisches Asyl und anderes nur zum willkommenen Anlaß für ein menschlich zutiefst verständliches Bestreben nimmt.

5. KAPITEL

Wirtschaftswachstum durch Zuwanderung

> »Selten wird da, wo die Sonne scheint, viel
> Geld verdient.«
>
> (Heinrich Böll)

Arbeitslos durch Ausländer?

Nehmen uns Fremde die Arbeitsplätze weg? Die gesetzliche
Regelung ist eindeutig: Voraussetzung für die Erteilung der
Arbeitserlaubnis ist, so das Arbeitsförderungsgesetz und die
daraus abgeleitete Anweisung an die Behörden, daß dadurch
»die Beschäftigungsmöglichkeiten und Arbeitsbedingungen
für Deutsche ... nicht beeinträchtigt werden. Unter Anlegung
eines strengen Maßstabes ist deshalb in jedem Einzelfall sorg-
fältig zu prüfen, ob nicht anstelle der Beschäftigung ausländischer Arbeitnehmer
– geeignete inländische Arbeitsuchende vermittelt werden
können oder
– Beschäftigungsmöglichkeiten für inländische Arbeitnehmer, an deren Arbeitsaufnahme ein besonderes arbeitsmarkt-
politisches Interesse besteht (ältere Arbeitnehmer, Rehabili-
tanden, Aussiedler), eröffnet werden können oder
– der Arbeitskräftebedarf durch Beschäftigung inländischer
Teilzeitkräfte behoben werden kann.« Strenge Regeln gelten
auch für die Ehegatten von Ausländern – sie erhalten eine Arbeitserlaubnis nur in »Bereichen, in welchen ein besonderer
Bedarf an Arbeitnehmern besteht, der im Inland nicht gedeckt werden kann«. Einzeln wird aufgeführt, welche Arbeit
das ist: »Bergbau, Fisch- und Konservenindustrie, Torfindu-

strie, Hotel- und Gaststättengewerbe«, und auch da nur unter »strikter Beachtung« des Vorrangs deutscher Bewerber.

Nehmen uns Fremde also die Arbeitsplätze weg? Immerhin ist jeder zweite Bundesdeutsche heute davon überzeugt, daß Ausländer und Aussiedler, kurzum alle Zuwanderer, die Schuld an der Arbeitslosigkeit tragen. Die Lösung ist daher auch denkbar einfach: Ausweisung der Gastarbeiter schafft Lohn und Brot für deutsche Arbeitslose. Noch 1978 meinten nur 45 % der Bundesbürger, in erster Linie gefährdeten Rationalisierung und Automatisierung die Arbeitsplätze. Erst jeder dritte machte damals die zu vielen Gastarbeiter verantwortlich für die Arbeitslosigkeit.

Rein rechnerisch könnten die rund 2 Millionen deutschen Arbeitslosen die 1,6 Millionen Gastarbeiter ersetzen, meint man. Das Argument wird auch anspruchsvoller vorgetragen: Weil Ausländer bereit sind, mit niedrigeren Löhnen vorlieb zu nehmen, drücken sie das gesamtwirtschaftliche Lohnniveau nach unten – ohne Ausländer wären somit die Löhne und Gehälter höher. Und: Weil in den 60er und 70er Jahren billige Gastarbeiter in den Fabriken eingesetzt wurden, konnten sich damals die Unternehmer kostspielige Rationalisierungs- und Automatisierungsinvestitionen ersparen. Die Gastarbeiter wirkten somit wie eine »Produktivitäts- und Modernisierungsbremse«. Diese Modernisierung der Betriebe wurde dann erst später nachgeholt, als die Wirtschaft nicht mehr so gut lief und die Arbeitslosigkeit stieg. Die Gastarbeiter, so die Argumentationskette, hätten mit ihren billigen Löhnen die Modernisierung verhindert, die nun erst Jahre später in Zeiten der schlechteren Konjunktur nachgeholt wurde – zu Lasten aller Arbeitnehmer, die von den jetzt wegrationalisierten oder im Strukturwandel wegfallenden Arbeitsplätzen bei Kohle, Stahl und Schiffbau nicht auf andere Arbeitsplätze in den Zukunftsindustrien ausweichen konnten. Mit Gastarbeitern werden veraltete Industriestrukturen konserviert, die verspätet unter dann sehr hohen sozialen Kosten aufgegeben werden.

Doch die Wirklichkeit sieht anders aus: Ohne die millionenhafte Zuwanderung wären Einkommen und Wohlstand in der Bundesrepublik niedriger und eher mehr Deutsche arbeitslos. Die Gründe dafür:

– Angebot und Nachfrage auf dem Arbeitsmarkt klaffen auseinander. Die Jobs der Ausländer sind nicht die Arbeitsstellen, die Deutsche von sich aus besetzen wollen oder von ihrer Leistungsfähigkeit her besetzen könnten. Damit verdrängen Gastarbeiter die Deutschen nicht, sondern füllen Lücken aus.
– Zuwanderer sind auch Verbraucher, Konsumenten, die Güter und Dienstleistungen, Autos, Wohnungen und Wohnungseinrichtungen nachfragen. Sie schaffen die gleiche Zahl von Arbeitsplätzen, wenn auch in anderen Bereichen der Wirtschaft, die sie selbst besetzen.
– Die wirtschaftliche Dynamik, die dadurch ausgelöst wird, führt dazu, daß in Zeiten hoher Zuwanderung auch besonders viel investiert und modernisiert wird. Zuwanderung bringt also mit sich, daß die Volkswirtschaft produktiver wird; denn auch neue Maschinen und Anlagen müssen zunächst einmal gebaut werden.
– Und schließlich: Natürlich könnten die Deutschen die Arbeit auch allein tun – wenn sie nur länger oder mehr arbeiten würden. Aber der Trend und der Wunsch gehen in die andere Richtung, hin zu kürzerer Arbeitszeit, längerer Ausbildungsdauer und mehr Urlaub. Die Arbeit, die trotzdem erledigt werden muß, tun die anderen – Zuwanderer.

Die Arbeit tun die anderen

Denn das ist die eigentliche Ursache für die Zunahme der Ausländerbeschäftigung: Während Wirtschaft und Industrie zusätzliche Arbeitskräfte brauchen, wollen die Deutschen immer weniger arbeiten – in der Sprache der Volkswirte: Es kommt zu einer sich öffnenden Schere zwischen Art und Menge der Arbeit, die von Deutschen angeboten, und der Arbeit, die nachgefragt wird. Das Angebot an Arbeitskraft hängt zunächst von den demographischen Faktoren ab – also von der Größe der Bevölkerung und ihrer Entwicklung durch Geburten und Zuwanderung. Erhöht sich die Zahl der Wohnbevölkerung im erwerbsfähigen Alter, ist auch mit einem Anstieg der Erwerbspersonenzahl zu rechnen. Wichtiger noch aber ist kurzfristig das Erwerbsverhalten, also die Bereitschaft, einen Job anzunehmen. Das Erwerbsverhalten ist durch eine Vielzahl von Faktoren bestimmt: Längere Ausbildungszeiten und früherer Renteneintritt, längerer Urlaub und kürzere Wochenarbeitszeit, aber auch die Zahl der Frauen, die neben der Kindererziehung noch berufstätig sind, beeinflussen das Arbeitsangebot beträchtlich.

Zuwanderer erhöhen die angebotene Arbeitsmenge – ein Rückgang im Erwerbsverhalten wiederum setzt sie drastisch herab. Diese Pendelbewegung findet sich seit der Gründung der Bundesrepublik – zunächst durch die Flüchtlinge und Heimatvertriebenen und Übersiedler aus der DDR: Sie ersetzten nahezu nahtlos die ca. 7,7 Millionen ausländischen Zwangsarbeiter und Kriegsgefangenen, die nach Kriegsende in ihre Heimatländer zurückkehrten. Die Zuwanderer ermöglichten das Wirtschaftswunder, indem sie mit ihren Händen das ersetzten, was in den ersten Nachkriegsjahren knapp war: Kapital, also Maschinen und Anlagen. Mit dem Wirtschaftswunder verschwand die anfängliche hohe Arbeitslosigkeit. Obwohl Anfang der 50er Jahe noch 2 Millionen Deutsche ohne Arbeit waren, zeichnete sich schon eine erste Verknappung an Arbeitskräften ab – 1955 wurde die erste Anwerbevereinbarung mit Italien geschlossen, und die ersten italienischen Gastarbeiter kamen in die Bundesrepublik, obwohl die Arbeitslosenzahl bei 1 Million lag! Aber im großen und ganzen stimmten angebotene und nachgefragte Arbeitsmenge noch überein. Gegen Ende der 50er Jahre jedoch kam es zu einer neuen Entwicklung: Das Wirtschaftswunder ermöglichte die Freizeitgesellschaft. Mit dem steigenden Wohlstand stieg der Wunsch der Deutschen nach Verkürzung der Arbeitszeit. Obwohl sich von 1955 bis 1960 vor allem auch durch Zuwanderung aus der DDR die Zahl deutscher Erwerbstätiger um 1,9 Millionen erhöhte und die Zahl der Arbeitslosen zurückging, verminderte sich die Zahl der von ihnen geleisteten Arbeitsstunden von vorher mehr als 58 Milliarden auf etwa 55,5 Milliarden – mehr Arbeitskräfte arbeiteten insgesamt weniger.

Der Nachschub an zusätzlichen Arbeitskräften aus der DDR, die durch ihren Einsatz die Arbeitszeitverkürzung erst ermöglichten, aber war spätestens mit dem Mauerbau unterbrochen, das Reservoir der Arbeitslosen bald erschöpft. Der ständige Rückgang der angebotenen Arbeitsmenge durch mehr Freizeit brachte die entscheidende Wende, so der Wirtschaftswissenschaftler Meinhard Miegel über die Entwicklung der Gastarbeiterbeschäftigung: »Im konjunkturellen Aufschwung des Jahres 1960 reichte die von Deutschen angebotene Arbeitsmenge nicht mehr aus, um die leicht gestiegene Nachfrage zu befriedigen. Die Nachfrage erhöhte sich damals von 1 024 auf 1 032 Jahresarbeitsstunden pro Kopf der Wohnbevölkerung. Das Angebot sank jedoch von 1 028 auf 1 019. Erstmals war damit seit Ende des Krieges die angebotene Arbeitsmenge kleiner als die nachgefragte. Innerhalb kürzester Zeit schlug Unterbeschäftigung in Überbeschäftigung um. Die Zahl der offenen Stellen war von einem Jahr auf das andere um 200 000 höher als die Zahl der Arbeitslosen.« Mit anderen Worten: Die Wirtschaft brauchte mehr Arbeitskräfte. Weil die Deutschen aber, statt etwas länger zu arbeiten, lieber kürzer arbeiteten, mußten Gastarbeiter in diese Lücke springen.

Diese Entwicklung hielt in den Folgejahren an: Wochenarbeitszeitverkürzung, früherer Rentenbeginn und längere Ausbildungszeiten führten dazu, daß zwischen 1960 und 1967 das Angebot an Arbeitsstunden von 56 Milliarden Stunden auf 50 zurückging – was einer Entwicklung entspricht, nach der sich die Zahl der deutschen Erwerbspersonen in diesen Jahren um fast 2,7 Millionen reduziert hätte. Eine kurze Rezession brachte 1967 Angebot und Nachfrage wieder zur Deckung. Aber von 1968 bis 1973 schrumpfte das deutsche Arbeitsstundenangebot noch einmal um 4 Milliarden Stunden. »Insgesamt verminderte die deutsche Erwerbsbevölkerung zwischen 1960, dem Beginn einer Phase der Überbeschäftigung und des Zustroms der Ausländer, und 1973, dem Beginn einer Phase dauerhafter Unterbeschäftigung, ihre Arbeitsmenge um knapp ein Fünftel, bezogen auf die Wohnbevölkerung sogar um knapp ein Viertel. Das entsprach der Arbeitsmenge, die 4,7 Millionen Erwerbstätige im Jahre 1960 erbrachten«, so Miegel. Die Ursachen für diese Verknappung des Faktors Arbeit: Zu rund zwei Dritteln wurde der Rückgang der Arbeitsmenge durch die Verkürzung der tariflichen Arbeitszeit ausgelöst. Immer mehr Jugendliche besuchten weiterführende Schulen und Universitäten. Durch den Ausbau des Bildungssystems wurden dem Arbeitsmarkt bis 1973 rund 2,1 Millionen Arbeitskräfte entzogen. Waren es früher nur 5% eines Jahrgangs, so erlangen heute fast 25% irgendeine Form der Hochschulbildung. Und die Flexibilisierung der Altersgrenze in der gesetzlichen Rentenversicherung im Jahre 1972 war gleichbedeutend mit einem Arbeitskräfterückgang von rund 125 000 Personen.

Um die von Deutschen geräumten Arbeitsplätze wieder zu besetzen, muß natürlich nicht die gleiche Zahl Zuwanderer geholt werden. Denn die Industrie rationalisiert und modernisiert und braucht daher etwas weniger Ersatzkräfte. Das spiegelt die Entwicklung der Ausländerstatistik wider: Im gleichen Zeitraum stieg die Zahl der Gastarbeiter von 280 000 (1960) auf 2,6 Millionen (1973). Durch die Familienmitglieder erhöhte sich die Ausländerzahl damit von 680 000 auf fast 4 Millionen.

Seit 1973 aber schlug diese Entwicklung abrupt um. Zwei Faktoren waren dafür ausschlaggebend: Der Ölpreisschock traf die deutsche Wirtschaft, würgte ihr Wachstum ab und trieb die Arbeitslosenzahl nach oben. Gegen Ende der 70er Jahre erhöhte sich zudem das Arbeitskräfteangebot der Deutschen: Die geburtenstarken Jahrgänge der 50er Jahre begannen Arbeitsplätze zu suchen. So nahm die Zahl der Erwerbspersonen zwischen 1970 und 1985 um immerhin 13% oder 3,3 Millionen Menschen zu. Die Folge: 1973 reagierte die Politik mit einem Anwerbestopp, die Zuwanderung wurde begrenzt, und in den Folgejahren zahlte man Rückkehrprämien für ausreisende Gastarbeiter. Die Zahl der beschäftigten Gastarbeiter ging rasch zurück – von 2,6 Millionen im Jahr der höchsten Ausländerbeschäftigung 1973 auf 1,5 Millionen im Jahr 1985, dem Tiefststand. (Vergleiche Grafik S. 94.)

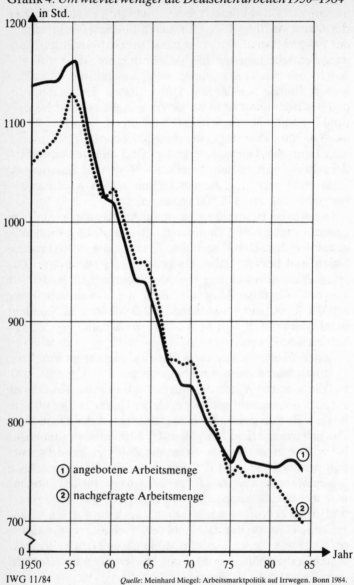

Grafik 4: *Um wieviel weniger die Deutschen arbeiten 1950–1984*
in Std.

① angebotene Arbeitsmenge

② nachgefragte Arbeitsmenge

Jahr

1950 55 60 65 70 75 80 85

Quelle: Meinhard Miegel: Arbeitsmarktpolitik auf Irrwegen. Bonn 1984.

Bis 1973 brauchte man die Gastarbeiter und Zuwanderer, um die zunehmende Freizeit der Deutschen zu ermöglichen. Hätte man anschließend, um die Zahl der deutschen Arbeitslosen zu reduzieren, einfach nur die Zahl der Gastarbeiter zu vermindern brauchen, wie es viele behaupten?

Zuwanderer als Lückenbüßer im Strukturwandel

Doch so ohne weiteres sind Gastarbeiter nicht durch deutsche Arbeitslose zu ersetzen: Arbeitsstunde ist nicht gleich Arbeitsstunde. So ist etwa ein Viertel der Arbeitslosen älter als 40 Jahre, ein Viertel hat gesundheitliche Einschränkungen. Fast die Hälfte der Arbeitslosen sind Frauen. Diese Arbeitslosen aber können nicht dort eingesetzt werden, wo die Schwerpunkte der Ausländerbeschäftigung liegen: Hoch- und Tiefbau, Bergbau, Schwerindustrie, Fahrzeugbau. Während viele Frauen Teilzeitbeschäftigung möglichst nahe an ihrem Wohnort suchen, um sich gleichzeitig der Familie widmen zu können, sind Gastarbeiter häufig in Betrieben mit familienunfreundlichem Schichtdienst tätig. Nachtarbeit aber ist für Frauen ohnehin verboten.

Die angeworbenen Arbeitnehmer aber kamen vorwiegend aus Agrarregionen, so daß die Arbeitsfelder in der Bundesrepublik Deutschland sich auf ungelernte bzw. angelernte Tätigkeiten beschränkten, die meist auch noch schmutzig oder körperlich besonders belastend sind. Auch heute noch befinden sich fast 80% der ausländischen Arbeitnehmer in solchen Tätigkeitsfeldern, die für Deutsche kaum attraktiv sind: Beim Bau hat jeder zehnte einen ausländischen Paß, im Bergbau jeder dritte. 20% der Beschäftigten in Gaststätten und Hotels sind Ausländer – eine von Deutschen wegen der Saisonarbeit und der ungünstigen Arbeitszeiten wenig geschätzte Tätigkeit.

Besonders hoch ist der Anteil der Ausländer in den Gießereien: »Ohne Ausländer wären manche Gießereien nicht in der Lage, weiterzuproduzieren«, so der Sprecher des Deutschen Gießerei-Verbandes. Da die Branche kein besonders gutes Image habe, seien nämlich kaum deutsche Arbeitskräfte zu bekommen – der Ausländeranteil beträgt deshalb 27%. Auch in der Automobilindustrie ist der Anteil der Ausländer überdurchschnittlich hoch: Jeder fünfte Opel-Mitarbeiter ist Ausländer, bei BMW sind es sogar 40 %. »Unsere ausländischen Mitarbeiter sind nicht zu ersetzen, auch von der Qualifikation her nicht«, so BMW; ebenso meint die Münchener Krauss-Maffei, Ersatz für ausländische Arbeitnehmer gebe es auf dem deutschen Arbeitsmarkt nicht.

Doch das Problem ist nicht nur, daß Gießereien, Automobilfabriken und andere Industriezweige einfach weniger produzieren müßten, wenn die ausländischen Kollegen fehlten: Tatsächlich sind von jedem Arbeitsplatz, der von einem Ausländer besetzt ist, auch von Deutschen besetzte Arbeitsplätze abhängig. Noch einmal Opel: Rund die Hälfte der Produktionsarbeiter sind Ausländer. Sinkt die Produktion bei Opel, weil Arbeitskräfte fehlen, würde auch Personal in den Büros, der Verwaltung und im Management entlassen. Ohne die rund 100 000 ausländischen Bauarbeiter wären weder neue Wohnungen noch für die Expansion notwendige Fabrikneubauten oder Infrastrukturmaßnahmen möglich. Das gilt auch für den Elektro-Multi Siemens: Auf die jugoslawischen Facharbeiter kann man in der Produktion nicht verzichten. 5 000 Mitarbeiter allein in den Münchener Werken des Konzerns sind Ausländer – 10% der Belegschaft. Würden sie abgezogen, hätte das Auswirkungen auch auf andere Arbeitsplätze, so ein Siemens-Sprecher: »Wir müßten ganze Abteilungen schließen und die dort beschäftigten Deutschen entlassen.« »Ohne Ausländer – noch mehr Münchner sind arbeitslos«, titelte daraufhin verblüfft das Münchener Boulevardblatt »Abendzeitung« über die Ergebnisse dieser Umfrage. Auch die öffentlichen Dienstleistungen kämen ohne Gastarbeiter nicht mehr aus: Ein Drittel der Beschäftigten in den öffentlichen Nahverkehrsunternehmen haben keinen deutschen Paß. Krankenhäuser müßten geschlossen werden: 83% des Haus- und Küchenpersonals sind Ausländer. Deutschen Ersatz gibt es nicht. Auch Altenheime und Kindergärten müßten geschlossen werden, resümiert die Münchener Stadtverwaltung.

Denn längst sind die Ausländer zwar zum Lückenbüßer der modernen Industriegesellschaft geworden. Aber ohne diese Lückenbüßer läuft auch in den feineren Etagen nichts mehr. Und selbst die Freizeit wäre weniger farbig: nur noch Schnitzel statt Saltimbocca, Grünkohl statt Gyros, Schweinsbraten statt Sushi, Pfälzer Wurstsalat statt Peking-Ente – per Selbstbedienung, denn die Gastronomie ist oft schon mehrheitlich in ausländischer Hand. Und der deutsche Fußball wäre ohne seine gutbezahlten und bejubelten Gastarbeiter (noch) langweiliger.

Fremde und der Zweite Arbeitsmarkt

Der Zustrom der Gastarbeiter spaltete den Arbeitsmarkt in einen sogenannten primären und einen sekundären Sektor: Durch die im primären Sektor beschäftigten Arbeitnehmer versuchen die Unternehmen vor allem den stabilen, konjunkturunabhängigen Teil der Nachfrage zu befriedigen. Dafür bemühen sie sich um gut bezahlte Stammbelegschaften, die auch in Zeiten schlechter Geschäftslage nicht entlassen werden; und die Stammarbeiter haben durchweg die Möglichkeit, sich fortzubilden und in der betrieblichen Hierarchie weiter aufzusteigen. Der sekundäre Arbeitsmarkt besteht demgegenüber aus weniger qualifizierten und niedriger bezahlten Arbeitnehmern, die schneller wieder entlassen werden – und in deren Ausbildung daher auch nicht investiert wird.

Einfacher formuliert: Die Unternehmen brauchen ein Reservoir an flexiblen Arbeitnehmern, um Auftragsspitzen auffangen zu können. Die Nachfrage nach diesen Arbeitskräften ist ein wichtiger Pull-Faktor, der ausländische Arbeitskräfte anzieht. Deutsche Arbeitnehmer profitieren von der Spaltung des Arbeitsmarkts. Da ihre rechtliche Situation gesicherter ist und sie durch Sprachkenntnis und Ausbildung Ausländern in der Qualifikation überlegen sind, gelingt es ihnen leichter, sowohl in den Kreis der Stammbelegschaften vorzudringen als auch angenehmere, leichtere, besser angesehene und höher bezahlte Arbeitsplätze zu erringen und sich so vor Arbeitslosigkeit besser zu schützen. In Abschwungphasen werden immer zuerst Ausländer gekündigt, ermittelte das Institut für Arbeitsmarkt und Berufsforschung der Nürnberger Bundesanstalt für Arbeit: Immerhin 59% der Industrieunternehmer und 67% der Bauunternehmer berichten, daß deutsche Arbeitnehmer eher gehalten werden als Ausländer. Diese Verhaltensweise wiegt um so schwerer, als Großbetriebe viel häufiger als kleinere Unternehmen zu Gunsten der Deutschen und zu Lasten der Ausländer entscheiden. So waren in den Rezessionen 1973–1975 und 1980–1984 fast die Hälfte der Arbeitslosen Ausländer – obwohl ihr Anteil an den Beschäftigten insgesamt nur rund 10% beträgt: Das Risiko, arbeitslos zu werden, ist damit für einen Ausländer fünfmal so hoch wie für einen Deutschen.

Die Entlassungen haben dabei nicht nur mit der Nationalität zu tun: Zuerst werden die ungelernten Kräfte entlassen – dann die qualifizierten. Die Gastarbeiter zählen wiederum zu der weniger gesicherten Gruppe. Denn die ausländischen Arbeitnehmer sind noch immer überwiegend als An- und Ungelernte beschäftigt und können selten eine abgeschlossene Berufsausbildung vorweisen.

Die schlechten Arbeitsplätze für Ausländer, die guten für Deutsche – dieses Muster läßt sich in den verschiedensten Branchen, Industriezweigen und Tätigkeiten verfolgen. »Es läßt sich erkennen«, so die Ausländerbeauftragte Liselotte Funke, »daß in gewissen Branchen die Arbeitsplätze mehr und mehr von Deutschen geräumt und von Ausländern besetzt werden.« Dies zeigt sich besonders deutlich am Untertagebau: Die erste Gruppe der angeworbenen Arbeitnehmer waren Italiener aus den südlichen Regionen Italiens. Nachdem sie kurze Zeit später in andere Industrien und Dienstleistungsbereiche abgewandert waren, folgten Spanier, auch Niederländer, Belgier und Franzosen nach. Mitte der 60er Jahre war kaum noch jemand bereit, in den »sterbenden« Bergbau zu gehen und die besonders schweren Arbeitsbedingungen auf sich zu nehmen. So wurden in großer Zahl türkische Arbeitnehmer angeworben. Unter Tage die Türken –

Grafik 5: *Die Pufferwirkung der Ausländerbeschäftigung 1960 bis 1984*

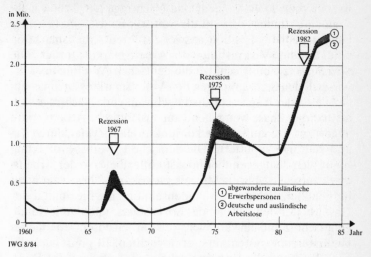

Quelle: Meinhard Miegel: Arbeitsmarktpolitik auf Irrwegen. Bonn 1984.

über Tage die Deutschen als Angestellte, krasser kann man sich die neue gesellschaftliche Schichtung kaum vorstellen. Sie wiederholt sich in Automobilfabriken, Gießereien, beim Bau und der Müllabfuhr: Die Deutschen sind doppelt geschützt gegen die türkische Konkurrenz.

Zunächst ist da jener eingangs zitierte Paragraph im Arbeitsförderungsgesetz, der Deutschen den Vorrang bei der Vermittlung durch das Arbeitsamt gibt. Häufig bleiben sogar Stellen unbesetzt, obwohl ausländische Arbeitslose zur Verfügung stünden: Es greift die zweite Schutzfunktion – die Zumutbarkeitsregel. Denn Arbeitslose können die Vermittlung auf ihrer Meinung nach unterqualifizierte Jobs ablehnen, mit dem Ergebnis, daß Deutsche arbeitslos bleiben und warten können, bis ihnen bessere Stellen angeboten – diese Stellen aber trotzdem häufig nicht an wartende Ausländer vergeben werden.

Was für die Qualifikation gilt, gilt auch für die regionale Verteilung. Längst sind die Arbeitsmärkte in Südbayern und

Baden-Württemberg für Facharbeiter leergefegt. Der Umzug von Duisburg nach Esslingen aber gilt für viele Deutsche als unzumutbar. Daß Angebot und Nachfrage der Arbeit nicht zueinanderfinden, obwohl die Statistik für viele Arbeitslose eine ausfüllbare Position ausweist, führen Arbeitsmarktforscher auf die »Verkrustung« des Arbeitsmarktes zurück. Die Sozialgesetzgebung schütze die deutschen Arbeitnehmer davor, sich den Schwankungen des Arbeitsmarktes anzupassen. »Die Last der Anpassung an die schwankende Nachfrage wurde in dieser Phase weitgehend auf ausländische Arbeitskräfte abgewälzt. Sie mußten die konjunkturellen Zyklen durch Zu- und Wegzüge abpuffern. Die deutsche Erwerbsbevölkerung zeigte sich demgegenüber höchst unflexibel«, so der Arbeitsmarktforscher Miegel. Miegels provokante These sagt nicht nur, daß letztlich das Vorhandensein und die Flexibilität der Gastarbeiter den Ausbau des Sozialstaats, und damit Kündigungsschutz und ein vergleichsweise arbeitslosenfreundliches Unterstützungssystem, erst ermöglichten. Er greift auch die Umschichtung des Arbeitsmarktes an, auf dem die Deutschen die dreckigen Arbeitsplätze in den Fabriken zugunsten der sauberen Jobs im Büro wechseln: »Die Folge war, daß deutsche Erwerbstätige in großer Zahl Arbeitsplätze räumten, die für die Volkswirtschaft und das Gemeinwesen von existentieller Bedeutung waren, um nicht selten in Bereiche überzuwechseln, die zwar aus historischen Gründen gesellschaftlich angesehen und gut dotiert, unter wirtschaftlichen Gesichtspunkten jedoch vergleichsweise unbedeutend waren. So entstanden in weiten Bereichen von Staat, Wirtschaft und Gesellschaft administrative Wasserköpfe, für die es keine ökonomische Rechtfertigung gibt.«

Die Deutschen – ein Volk von unterbeschäftigten Bürohokkern, während die Ausländer die harte Arbeit erledigen? Ganz so falsch ist diese Position nicht, hört man sich die Leiter einschlägiger Unternehmen an: Gingen die Ausländer, müßten die deutschen Büroangestellten zurück ans Band oder an den Hochofen – oder das Unternehmen müßte ganz geschlossen werden. Denn vom Verkauf der Verwaltungstätigkeit kann man nicht leben – einer muß die Kohle fördern.

Zuwanderer und Produktivität

Dabei ist aber gerade der Kohlebergbau ein gefährliches Beispiel: Er ist so hoch subventioniert wie kaum ein zweiter Industriezweig. Rund 11 Milliarden DM aus der Staatskasse und aus überhöhten Strompreisen fließen in den Kohlebergbau – in dem wiederum ein Drittel der Belegschaft Ausländer sind. Doch der Bergbau wird nicht erhalten wegen der türkischen Kumpel, sondern wegen ihrer deutschen Kollegen.

Allerdings ist der Verdacht nicht ganz von der Hand zu weisen, daß alte Industriezweige künstlich dadurch am Leben gehalten werden, daß Zuwanderer auf Arbeitsplätzen eingesetzt werden, die von Deutschen zugunsten besserer Verdienstmöglichkeiten geräumt wurden. Zuwanderer würden damit die gesamtwirtschaftliche Produktivität, den Motor des steigenden Wohlstands, senken.

Schon der erste Blick auf die Zahlenreihen, die das wissenschaftliche Institut der Bundesanstalt für Arbeit (IAB) veröffentlichte, belehrt eines Besseren: In der Zeit kräftiger Zuwanderung hat die Produktivität erheblich stärker zugenommen als in der Zeit rückläufiger Ausländerbeschäftigung. So hat in den Jahren 1961 bis 1966, in denen jährlich im Schnitt fast 170 000 Gastarbeiter zuzogen, die Produktivität je Erwerbstätigenstunde um über 5,1% zugenommen, in den ebenfalls von starken Zuzügen geprägten Jahren 1967–1973 sogar um 5,4%. Vereinfacht dargestellt heißt das: Durch den Einsatz moderner Fertigungsmethoden, Maschinen und überlegter Organisation konnte im Schnitt je Arbeitsstunde über 5% mehr produziert werden.

1980 dagegen betrug der Produktivitätsfortschritt nur noch 1,1%, 1982 sogar lediglich 0,7%, 1987 1,9% und 1988 2,8% – die hohen Werte aus der Zeit zunehmender Beschäftigung wurden nie mehr erreicht, obwohl der technische Fortschritt und der Druck der schlechten Geschäftslage eigentlich das Gegenteil hätten erwarten lassen.

Freilich reicht dieser Zahlenbefund nicht, um eine endgültige Aussage über den Zusammenhang zwischen Ausländerbeschäftigung und Produktivitätsentwicklung zu machen: Es könnte ja auch sein, daß ohne Zuwanderer ein noch höheres Produktivitätswachstum erzielt worden wäre. Allerdings weisen noch andere Daten in die Richtung, daß Zuwanderung die Volkswirtschaft modernisiert und ihre Leistungsfähigkeit insgesamt eher erhöht: Auch in den Jahren mit starker Zuwanderung rationalisierten die Unternehmen weiter – der dauernde Verbesserungsdruck auf Maschinen und Anlagen wurden keinesfalls ausgesetzt. »Die relativ stabile Entwicklung der Rationalisierungsinvestitionen zum Zweck der Einsparung von Arbeitskräften bei gleichzeitigem Aufbau der Ausländerbeschäftigung in den 60er Jahren liefert keine Hinweise auf eine nachhaltige Beeinflussung der Investitionsmotive durch die Zuwanderung«, so die Arbeitsmarktforscher des IAB. Zuwanderung und gleichzeitig Investition in neue, moderne Anlagen ist kein Widerspruch, sondern Zuwanderung und Modernisierung ergänzen sich: Die Expansionsphasen waren gleichzeitig »durch rege Investitionstätigkeit, kräftiges Wachstum des Bruttoanlagevermögens bei gleichzeitiger Beschäftigungszunahme gekennzeichnet. Der Kapitaleinsatz hat deutlich schneller zugenommen als die Beschäftigung, die Kapitalintensität ist in diesem Zeitraum also kräftig angestiegen ... Die globale Entwicklung liefert somit keine Anhaltspunkte für die Vermutung, daß die Entwicklung der Ausländerbeschäftigung die Investitionstätigkeit gebremst hat, sondern läßt vermuten, daß die Verfügbarkeit zusätzlicher Arbeitskräfte infolge der Zuwanderung die Kapitalbildung eher gefördert hat«, so noch einmal das IAB.

Fazit: Weil es ganz ohne Menschen doch nicht geht, kann das Fehlen von Arbeitskräften den gesamtwirtschaftlichen Aufschwung und die damit verbundene Modernisierung abbremsen. Das zeigte sich im Herbst 1989 erneut: Der deutsche Maschinenbau, eine der wichtigsten Exportbranchen, klagt öffentlich darüber, daß er zu viele Aufträge – aber zuwenig Mitarbeiter bekäme. Die langen Lieferfristen von fast zehn Monaten bei den Werkzeugmaschinenbauern würden allmählich zum Vertriebsproblem, meint der Präsident des Verbandes Deutscher Maschinen- und Anlagenbau, Frank Paetzold. Wenn ein Unternehmen aber nicht liefern kann, liefert die internationale Konkurrenz. Marktanteile gehen verloren, die auch nicht mehr zurückgeholt werden können, wenn man irgendwann doch wieder liefern kann: Die Kundschaft orientiert sich neu, sucht sich andere Partner, die damit in Märkte vorstoßen können, die ihnen bislang verschlossen waren. Und: Wenn neue Anlagen und Maschinen nicht zur Verfügung stehen, können die Kunden der Maschinenbaubranche ihrerseits nicht investieren. Arbeitskräftemangel wird damit zur Wachstumsbremse, die durch mehr Rationalisierung nicht einfach gelöst werden kann.

Konjunkturprogramm durch Zuwanderer

In der alten Berliner S-Bahn-Station am Nollendorfplatz sind in historischen S-Bahn-Waggons Antiquitätengeschäfte untergebracht. Mit einer Straßenbahn aus den 20er Jahren kann man zum türkischen Bazar fahren – dem nächsten stillgelegten Bahnhof. Dort gibt es Gegenwartskonsum: Türkische Schmuckhändler bieten breite Goldketten und Armreife an. Auch am Sonntag arbeitet dort der Friseur. Bombastische Brautkleider ganz in Weiß werden angeboten und buntes Kinderspielzeug. Längst ist der türkische Bazar zur Attraktion auch für Deutsche geworden, die aus dem muffigen Museumsbahnhof zur wesentlich lebhafteren nächsten Station weiterfahren – auch wenn Türken noch den Hauptanteil der Kundschaft ausmachen.

Denn Zuwanderer sind nicht nur Produzenten, sondern auch Konsumenten – und dadurch ein wichtiger arbeitsplatzschaffender Wirtschaftsfaktor. Auch die Bundesregierung hat dies mittlerweile erkannt – nachdem sie jahrelang die Rückkehr von Gastarbeitern finanziell unterstützt hat, um deutsche Arbeitsplätze für Deutsche freizumachen, setzt sich plötzlich die erstaunliche volkswirtschaftliche Erkenntnis durch: »Der Zuzug der Aussiedler wird viele zusätzliche Arbeitsplätze bei uns schaffen. Ich denke daran, daß 200 000 Menschen sich ernähren, sich kleiden, Wohnungen brauchen, Haushalte einrichten. Die Aussiedler werden also als Wirtschaftsbürger ein bedeutender Faktor sein«, so Staatssekretär Horst Waffenschmidt. Vielleicht wäre die heutzutage vielfach beklagte Ausländerfeindlichkeit gar nicht erst entstanden, hätte man eingesehen und zugegeben, daß auch Zuwanderer aus Griechenland oder der Türkei Nachfrage entfalten und damit Arbeitsplätze sichern und schaffen – nicht nur Zuwanderer aus Polen.

Die nordrhein-westfälische Landeshauptstadt Düsseldorf untersuchte vor Jahren, was passieren würde, wenn in einem Zeitraum von zwei bis drei Jahren drei Viertel aller Ausländer wegziehen würden. Das Ergebnis: ein Kaufkraftverlust von mindestens 50 Millionen DM jährlich, von dem alle Branchen in der Stadt betroffen wären; ein Ausfall von über 10 Millionen DM Lohnsteuereinnahmen für den Stadtsäckel; akuter Personalmangel in großen Industriebetrieben wie Mannesmann, Thyssen, Henkel sowie bei der Rheinischen Bahngesellschaft – mit allen sich daraus ergebenden Folgewirkungen auch für deutsche Arbeitsplätze und die Nachfrage auf dem deutschen Markt. Kindergärten müßten ebenso geschlossen werden wie Schulen, so daß die deutschen Familien zumindest weitere Wege in Kauf nehmen müßten. Bundesweit müßten die Finanzämter allein an Lohn- und Einkommensteuern mindestens 10 Milliarden DM an Mindereinnahmen verbuchen – das halbe Volumen der mit großem Stolz verkündeten Steuersenkung der Regierung Helmut Kohl. Auf dem Wohnungsmarkt sind die Zuwanderer häufig Restmieter, so der Bericht zur Ausländerbeschäftigung: »Viele Altbauwohnungen könnten ohne sie kaum oder gar nicht vermietet werden.«

Zwar haben die Gastarbeiter zunächst kaum Geld in der Bundesrepublik ausgegeben, sondern die Hauptbeträge nach Hause überwiesen. Aber mittlerweile haben sie sich an das Verbrauchsverhalten der Deutschen angeglichen. Nach einer Umfrage des Marktforschungsinstituts Marplan haben Ausländer im Jahr 1981 allein in den Bereichen der Unterhaltungselektronik und der Haushaltsgeräte annähernd 1 Milliarde DM ausgegeben. Prozentual gesehen haben sie in diesen Bereichen erheblich mehr ausgegeben als die deutsche Bevölkerung. Ähnliches gilt für die Bereiche Möbel und Kraftfahrzeuge.

Unbewußt reagierten die Gastarbeiter sogar volkswirtschaftlich viel vernünftiger als die Wirtschaftspolitiker: Durch ihr Verhalten haben sie sich als Konjunkturstabilisator erwiesen. Denn in den Jahren der Hochkonjunktur kamen zunächst nur die berufstätigen Männer nach Deutschland – die Nachfrage der Familie wurde in den Herkunftsländern entfaltet. Nach dem Anwerbestopp und der Erschwerung des Zuzugs ab 1973 holten viele Arbeiter aber ihre Familien nach. Damit erreichte die immer stärker ausländerfeindliche Politik der Bundesregierung das glatte Gegenteil dessen, was sie beabsichtigt hatte: Da Gastarbeiter, die einmal die Bundesrepublik verlassen haben, fürchten müssen, nie mehr hereingelassen zu werden, krallten sie sich buchstäblich in Deutschland fest, auch wenn sie arbeitslos waren. Und Drohungen, den Nachzug von Familienmitgliedern zu erschweren, führten nur dazu, daß jedesmal vor der Verschärfung der Einreisebestimmungen noch schnell Familienmitglieder nachgeholt wurden.

Die bis dahin funktionierende Rotation von Gastarbeitern je nach der Arbeitsmarktlage wurde damit unterbrochen. Dementsprechend sank zwischen 1973 und 1983 die Zahl der beschäftigten Gastarbeiter von 2,6 Millionen auf 1,7 Millionen. Im gleichen Zeitraum aber nahm wegen des Familiennachzugs die Zahl der Ausländer insgesamt von 3,9 Millionen auf 4,5 Millionen zu! Dies war volkswirtschaftlich allerdings gar nicht so schlecht – die nachgeholten Familienmitglieder entfalteten in Deutschland die Nachfrage, auf die die deutsche Volkswirtschaft in diesen Jahren so dringend angewiesen war: Der Familiennachzug wird zum Konjunkturprogramm für Arbeit und Beschäftigung. Damit sinkt der Anteil an den von Gastarbeitern erarbeiteten Löhnen, der in die Heimatländer überwiesen wird. Wichtiger noch: Die Gastarbeiter arbeiten letztlich für sich selbst. So stellt Miegel verblüfft fest: »Schon in den sechziger Jahren wurden etwa drei Viertel der von den Ausländern angebotenen Arbeitsmenge benötigt, um diese selbst zu unterhalten. Mit zunehmendem Familiennachzug stieg dieser Anteil in den siebziger Jahren auf rund 100%.«

Mit anderen Worten: In den Jahren der Hochkonjunktur spielten die Gastarbeiter eine wichtige Rolle auf dem Arbeits-

markt – als Produzenten. Ihre Überweisungen an die Heimatländer bewirkten, daß dort Nachfrage entfaltet wurde.
Gleichzeitig wurde damit das notorische Außenhandelsun-
gleichgewicht Deutschlands wenigstens etwas ausgeglichen:
Die Überweisungen bildeten einen spürbaren und wichtigen
Ausgleichsposten zu den hohen Überschüssen im Warenver-
kehr. Sowohl für den deutschen Arbeitsmarkt wie für das Au-
ßenhandelsgleichgewicht bildeten die Zuwanderer damit
einen wichtigen volkswirtschaftlichen Stabilisator.

Im wirtschaftlichen Abschwung verkehrt sich dieses Bild in
sein Gegenteil: Die Nachfrage wirkt wie ein milliardenschwe-
res Konjunkturprogramm. Gleichzeitig sinken die Überweisungen an die Heimatländer, und das ist auch deshalb gut,
weil auch der Exportüberschuß schrumpft.

Es ist schon seltsam, daß die Wirtschaftspolitiker diesen
Zusammenhang nicht verstehen – und daß sie sich genau kon-
traproduktiv verhalten.

Grafik 6: *Ausländische Wohnbevölkerung und Arbeitnehmer*

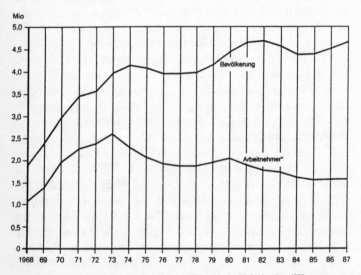

Quelle: Mitteilungen der Bundesbeauftragten: Daten und Fakten zur Ausländersituation, 1989.

Volkswirtschaftslehre neu entdeckt

Die gesamtwirtschaftlichen Auswirkungen einer massiven Zuwanderung auf Wirtschaftswachstum, Staatshaushalt, Sozialversicherung und Volkseinkommen hat die Bundesregierung 1989 vom Institut der deutschen Wirtschaft ausrechnen lassen. Die zentrale Frage war: Was passiert, wenn 3,5 Millionen Aussiedler in die Bundesrepublik einwandern? Das Wirtschaftswachstum steigt, Steuereinnahmen sprudeln – aber die Defizite in den Sozialhaushalten steigen vorübergehend steil an, und langfristig verschärft sich die Rentenproblematik, so das Institut der deutschen Wirtschaft (IdW).

Im Auftrag des Bundespresse- und -informationsamts sollten die Kölner industrienahen Wirtschaftsforscher die Kanzlerthese erhärten, wonach die »Aussiedler ein Gewinn für unser Volk« seien. Untersucht werden in einem ersten Modell die finanzpolitischen Folgen, wenn bis zum Jahr 2000 alle 3,5 Millionen Deutsche, die noch in Osteuropa leben, in die Bundesrepublik einwandern würden. Danach erhöhte sich das Wachstum der Volkswirtschaft um 0,4 Prozentpunkte, so daß das reale Bruttosozialprodukt im Jahr 2000 um rund 145 Milliarden DM höher sein würde. Setzte sich ein kontinuierlicher Zustrom von 400 000 Neubürgern Jahr für Jahr fort, würde das Sozialprodukt in den kommenden Jahren um jeweils 10 Milliarden DM anwachsen. Für das kommende Jahr würde damit ein Anstieg der Konsumgüternachfrage um 5 Milliarden DM und der Wohnungsbaunachfrage um 1,6 (1989: 3) Milliarden DM erwartet. Zwischen 1989 und 1993 käme es so zu einem Konjunkturanstieg um mehr als 100 Milliarden DM – eine gigantische Summe, die alle Staatsprogramme zur Bekämpfung der Arbeitslosigkeit übertrifft.

Schön für den Finanzminister: Weitere 400 000 Aussiedler im kommenden Jahr sollen nach diesem Modell fast 7 Milliarden DM zusätzliche Steuern in die Kassen spülen und schon 1990 weitere 12 Milliarden DM. Auf bis zu 364 Milliarden DM addieren sich bis zur Jahrtausendwende die Mehreinnahmen. Dem stehen höhere Ausgaben gegenüber: Bis 1991 ergeben sich für die Haushalte Defizite durch Aussiedler von insgesamt 8 Milliarden DM. Aufgrund des erhofften dynamischen Wachstums der Steuereinnahmen sollen jedoch schon ab 1995 zweistellige Milliardenüberschüsse in den Kassen klingeln und sich bis zur Jahrtausendwende auf 135 Milliarden DM kumulieren.

Pech allerdings für den Arbeitsminister: Schwierig wird die Finanzlage der Bundesanstalt für Arbeit, die bis Mitte der 90er Jahre rund 13 Milliarden DM für die berufliche Eingliederung aufwenden muß. Ab 1996 hofft das IdW aber auch hier auf Überschüsse. Für die gesetzlichen Krankenkassen wirkt sich die Zuwanderung der Aussiedler dagegen schon ab 1991 positiv aus – allerdings unter einer sehr optimistischen Annahme: Danach dürfen die Aussiedler keinen Nachholbedarf in der medizinischen Versorgung haben und die Krankenkassen nur in gleichem Umfang in Anspruch nehmen wie die übrige Bevölkerung.

Zwar versucht das IdW die eigenen Zahlen dahingehend zu interpretieren, daß es zu »gravierenden finanziellen Entlastungen der Rentenversicherung« durch die im Schnitt jüngeren Aussiedler komme. Doch das gilt nur bis zum Jahr 2020: Danach erhöhen die Aussiedler die schon jetzt für diese Zeit zu erwartenden Defizite der Rentenversicherungskassen. Zwar sind die Aussiedler im Schnitt jünger als die Bundesbürger – aber eben doch nicht jung genug. So verschärfen sie die Krise der Rentenversicherung, die dadurch entsteht, daß immer weniger Menschen im arbeitsfähigen Alter immer mehr Rentner unterstützen müssen.

Ein zweites Modell untersucht die Variante, nach der 2,5 Millionen Aussiedler einwandern, wobei es die IdW-Forscher in Absprache mit der Bundesregierung für »sehr wahrscheinlich« halten, »daß wenigstens 2 Millionen bis zur Jahrtausendwende kommen werden«. Danach verschiebt sich die gesamtwirtschaftliche Wachstumskurve um 0,3 Prozentpunkte nach oben. Weil davon ausgegangen wird, daß bis 1992 auf jeden Fall 1,4 Millionen Aussiedler kommen, ergeben sich für die kommenden Jahre nur geringfügig niedrigere Zuwächse, verglichen mit der Maximalvariante: bis 1991 eine zusätzliche Konsumnachfrage von 12,6 Milliarden DM, Wohnungsbaunachfrage von 6,2 und ein zusätzlicher Staatsverbrauch von 6,3 Milliarden DM, dem 11,7 Milliarden DM Steuermehreinnahmen gegenüberstehen.

Zwar wird es zu »vorübergehenden Stauproblemen am Arbeitsmarkt« kommen – doch wegen des Facharbeiter- und Lehrlingsmangels kämen vor allem die jungen Aussiedler »zu einem äußerst günstigen Zeitpunkt«. Um »Illusionen über die eigenen Fähigkeiten« zu vermeiden, empfiehlt das Institut einen »beruflichen Einstieg unterhalb des früheren Niveaus«. So würden die Aussiedler »das Potential an regional und beruflich mobilen Arbeitskräften verstärken«. Von ihrer »hohen Motivation« erwartet die Wirtschaft »zusätzliche Wachstumsimpulse« – und die Modellrechnung gilt auch für die Neubürger aus der DDR.

Daß massenhafte Einwanderung nicht mehr Arbeitslosigkeit, sondern mehr Wohlstand bedeuten kann, zeigt – ein weiteres Beispiel – auch eine Studie der Londoner Universität: Die Einwanderung von bis zu 3,2 Millionen Hongkong-Chinesen nach Großbritannien, ausgelöst etwa durch die Übernahme der ehemaligen Kronkolonie durch China, könnte sogar zum wirtschaftlichen Vorteil ausschlagen. Die englische Wirtschaft erhielte dadurch frische Impulse und Arbeitskräfte, viele davon mit dringend benötigten Fachkenntnissen, mit deren Hilfe die Exporte gesteigert werden könnten, heißt es in der Studie. Würden die Einwandererströme hauptsächlich in die zurückgebliebenen Landesteile im Norden Englands und in Schottland gelenkt, die seit langem rückläufige Einwohnerzahlen haben, so erhielten diese neuen Auftrieb, denn die Zuwanderer würden die wirtschaftliche Nachfrage verstärken und eigene Betriebe gründen. Der Anteil der arbeitenden Bevölkerung würde sich erheblich erhöhen, so daß den vielen Rentnern mehr Berufstätige gegenüberstünden. Zunächst bedeutete dies zusätzliche Kosten für den britischen Steuerzahler; denn der Staat müßte Mittel für Wohnungen, Schulen, Gesundheitsfürsorge und sonstige Infrastruktur bereitstellen. Mieten und Preise würden steigen. Aber andererseits hätte der Fiskus auch höhere Einnahmen aus Steuern und Beiträgen zur Sozialversicherung.

Tabelle 8: *Welche Wachstumsimpulse gehen von Einwanderern aus?*

	Zusätzl. Aus-siedler (in 1 000)	Zusätzl. Konsum-ausgaben (in Mrd. DM)	Zusätzl. Wohnungsbau-nachfrage (in Mrd. DM)	Zusätzl. Staats-verbrauch (in Mrd. DM)	Indirekte Einkommens- und Nach-frageeffekte (in Mrd. DM)	Insgesamt (in Mrd. DM)
1988	–	–	–	–	–	–
1989	425	3,3	3,0	1,7	2,1	10,1
1990	875	8,3	4,6	4,2	6,6	23,7
1991	1275	13,4	6,2	6,7	13,4	39,7
1992	1650	18,3	7,0	8,9	20,9	55,1
1993	2000	23,2	6,3	11,1	28,2	68,8
1994	2325	28,1	6,0	13,2	34,6	81,9
1995	2625	32,9	5,6	15,2	40,8	94,5
1996	2900	37,7	5,3	17,1	47,0	107,1
1997	3150	42,4	4,9	18,8	52,6	118,7
1998	3325	46,6	4,6	20,3	58,0	129,5
1999	3425	50,0	4,2	21,3	63,3	138,8
2000	3500	52,5	3,0	22,0	67,0	144,5

Quelle: Institut der Deutschen Wirtschaft: Die Integration deutscher Aussiedler – Perspektiven für die Bundesrepublik Deutschland, 1989.

Das britische Erziehungsministerium hat sich bereits Gedanken über die Anwerbung von Lehrern aus Hongkong gemacht. In Großbritannien herrscht großer Mangel vor allem an Lehrern für Mathematik und Naturwissenschaften, in zweiter Linie auch für Sprachen.

In der Bundesrepublik sind die Aussiedler wegen ihrer oft mangelhaften beruflichen Qualifikation und der Sprachprobleme das Arbeitsmarktreservoir der späten 80er und 90er Jahre – sie haben in dieser Funktion die Gastarbeiter aus Italien, Spanien, Griechenland, Tunesien und der Türkei ersetzt. Neu ist nur die Ansicht der Bundesregierung, daß Gastarbeiter Wohlstand und Einkommen steigern – sie läßt wissenschaftlich nachweisen, was grundsätzlich längst bekannt ist, um die Zuwanderung von Aussiedlern in der Öffentlichkeit zu rechtfertigen. Eine klare Politik wird daraus aber nicht; denn während der Massenzuzug aus dem Osten gefördert und gerechtfertigt wird, gelten gleichzeitig noch immer jene Maßnahmen, die Gastarbeiter zum Wegzug veranlassen sollen: Prämien und teilweise Rückzahlung von Sozialversicherungsbeiträgen für Türken, die nach oft jahrzehntelangem Aufenthalt wieder aus der Bundesrepublik wegziehen. Volkswirtschaftlich macht diese Unterscheidung, wie schon angeführt, keinen Sinn – die Wachstumsimpulse, die für Aussiedler nachgewiesen werden, gelten selbstverständlich auch für Türken und Italiener: Sie alle steigern den Wohlstand ihrer Gastländer.

Ein wesentlicher Unterschied allerdings besteht: Aussiedler und Übersiedler haben sofort nach dem Überschreiten der deutschen Grenze Anspruch auf alle Sozialleistungen, ja ihnen werden sogar fiktive Renten- oder Arbeitslosenansprüche zuerkannt. Sie erhalten damit Arbeitslosen- und Altersversorgung aus Beiträgen, die sie nie einbezahlt haben. Anders Gastarbeiter: Sie treffen ohne sozialen Anspruch in der Bundesrepublik ein und müssen sich alle Ansprüche erst durch ihre Beiträge und Arbeitsleistungen erarbeiten. Insofern sind sie für die öffentlichen Kassen und die Sozialversicherung sofort eine spürbare Entlastung.

6. KAPITEL

Saat der Mutigen

> »Es mag sich um Religionssysteme oder tech-
> nische Erfindungen, um Formen des Alltags-
> lebens oder Moden und Trachten, um Staats-
> umwälzungen oder Börseneinrichtungen
> handeln: Immer oder wenigstens sehr häufig
> finden wir, daß die Anregung von ›Fremden‹
> ausgeht. So spielt auch in der Geschichte des
> kapitalistischen Unternehmens der Fremde
> eine überragend große Rolle.«
>
> (Werner Sombart)

Fortschritt durch Einwanderer

»Saat der Mutigen« überschrieb eine deutsche High-Tech-
Zeitschrift ihren Bericht über einen erfolgreichen Jungunter-
nehmer aus der alten Kaiserstadt Worms, der »mit seinen zwei
Ingenieuren einen Personalcomputer entwickelt hat, der zur
Spitze seiner Leistungsklasse gehört ... Immerhin geht der
Wormser Rechnerspezialist mit seiner Mannschaft einen
Weg, der in dem von US-Konzernen beherrschten deutschen
Computerbusiness seinesgleichen sucht.«

Der 27jährige Aufsteiger heißt Ismet Koyun und kommt
aus der Türkei. Er ist einer der Selbständigen, die das beliebte
Bild vom mülltonnenleerenden Gastarbeiter Lügen strafen.
Und er unterscheidet sich auch drastisch von dem Vorurteils-
bild, wonach die Gastarbeiter allenfalls zum Betrieb von Eisdielen, Flickschustereien oder Gemüseläden in der Lage
seien. Ismet Koyun paßt eher in das Bild jener bewunderten
Amerikaner, die es vom Tellerwäscher zum Millionär gebracht haben: Die Begründer des Personal-Computer-Zeital-

ters und der erfolgreichen Computerfirma Apple haben den ersten Rechner in einer Garage entwickelt – Koyun begann im Zimmer eines Wormser Studentenheims.

Ob Ismet Koyun den Sprung zum Millionär schafft oder pleite macht, ist offen. Doch unabhängig davon ist er als Typus wichtig: Fremde, Zuwanderer sind in der Regel keine Durchschnittsbürger, sondern eine Auswahl besonders Leistungsfähiger und Wagemutiger – und gerade daher für die wirtschaftliche und gesellschaftliche Entwicklung notwendig. Zitieren wir noch einmal Werner Sombart, der die Entwicklung des modernen Kapitalismus untersucht hat – und dabei im »Fremden« eine der Haupttriebkräfte sieht:

»Daß die Einbürgerung der kapitalistischen Wirtschaftsweise zum großen Teil das Werk der ›Fremden‹ ist, ist eine der für das Verständnis aller europäischen Geschichte grundlegend wichtigen Feststellungen. Sie ist in doppeltem Sinne wichtig: insofern die Wirtschaftssubjekte (Unternehmer) und insofern die Wirtschaftsobjekte (Arbeiter) der neuen Wirtschaftsform in weitem Umfange eingewanderte Fremde sind.« Sombart singt geradezu das Hohelied auf die Auslese, deren Produkt Einwanderer sind: »Diejenigen Individuen, die sich zur Auswanderung entschließen, sind die tatkräftigsten, willensstärksten, wagemutigsten, kühlsten, am meisten berechnenden, am wenigsten sentimentalen Naturen; ganz gleich, ob sie wegen religiöser oder politischer Unterdrückung oder aus Erwerbsgründen sich zu der Wanderung entschließen. Gerade die Unterdrückung in der Heimat ist ... die beste Vorschule für die kapitalistische Ausbildung. Durch die Auswanderung werden aber aus diesen Unterdrückten wiederum diejenigen ausgelesen, die es satt sind, durch Anpassung und Kriecherei sich im eigenen Lande am Leben zu erhalten. Daß es sich auch bei diesen um eine ›Auslese‹ der Tüchtigsten (in dem hier verstandenen Sinne) handelt, ersehen wir ja schon aus der Tatsache, daß ein großer Teil der aus religiösen oder politischen Gründen Verfolgten den Entschluß zum Auswandern *nicht* faßt, sondern sich lieber daheim anzupassen versucht: die meisten Hugenotten (vier Fünftel) blieben in Frankreich zurück, ebenso haben viele Juden im Osten jahrhundertelang verharrt, ehe sie sich in Bewegung setzten.«

Sombart gründete seine Erkenntnisse nicht nur auf die Beobachtung im klassischen Einwanderungsland Amerika, dessen vorwärtstreibende Unternehmerpersönlichkeiten natürlich nur Einwanderer sein konnten, sondern viel mehr noch auf die europäische Wirtschaftsgeschichte – Beispiel 1795: »Die Stadt Posen hat ihren ehemaligen Glanz und die Größe seines Handels demjenigen Teil seiner Einwohner zu verdanken, welche aus Schottland emigriert waren und unter der Erhaltung vieler Privilegien sich allhier als Kaufleute etabliert hatten.« Niederländer, Schweden und Hugenotten aus Frankreich waren es, die im 17. Jahrhundert die Stahl- und Eisenwarenindustrie im Bergischen Land zur Entwicklung brachten – und damit auch die Voraussetzung für die spätere Entwicklung des nahen Ruhrgebiets schufen. Die preußischen Könige lockten ganz gezielt Hugenotten an, um sich so die Gründer von Industrie, Wirtschaft und Handel ins Land zu holen: Allein nach Berlin wanderten 10 000 Franzosen ein – ohne sie wäre Berlin nicht zum intellektuellen und wirtschaftlichen Zentrum geworden. Und Hugenotten sind auch die Begründer der Industrie in Baden und der Kurpfalz.

200 Jahre später stellt der britische »Economist« verblüfft fest, daß unter den am schnellsten wachsenden britischen Unternehmen der siebziger und achtziger Jahre vor allem Gründungen von Einwanderern aus den ehemaligen britischen Kolonien sind – aus Indien, Uganda und Pakistan. Selbst der erzbritische »Economist«, die ehrwürdige »Times« und die wohl weltweit wichtigste Wirtschaftszeitung »Financial Times« geraten unter den Einfluß von Einwanderern: Der Exil-Tscheche Maxwell und der aus dem fernen Australien zugezogene Murdoch gründen Multimedienkonzerne, die schnell zu den zwölf größten Medienkonzernen weltweit gehören und alteingesessene britische Institutionen wie die bankrotte »Times« übernehmen und mit Erfolg fortführen.

Auf über 100 000 wird die Zahl der ausländischen Selbständigen in der Bundesrepublik geschätzt. Die meisten von ihnen sind Italiener, Griechen oder Türken. An der Entwicklung ausländischer Restaurants läßt sich der Prozeß der Marktdurchdringung verfolgen: Erst kamen die italienischen Eisdielen in den 50er Jahren, dann folgten die italienischen Restaurants in den 60ern. Ab Anfang der 70er Jahre beginnen Griechen, den Pizzerias Konkurrenz zu machen. Aus dem Billig-Italiener wird der teure Nobel-Italiener, und den Griechen erwächst ab den 80er Jahren zunehmend Konkurrenz durch Türken.

Daß Lebensmittelgeschäfte, Import-Export-Unternehmen und Restaurants dabei die Mehrzahl der neuen Existenzen ausmachen, ist auch Folge des überreglementierten deutschen Marktes: Ausländer haben kaum Chancen, daß ihre im Heimatland erworbenen Diplome und Berufsausbildungen hier anerkannt werden. Denn Selbständigkeit von Ausländern wird nicht gerne gesehen – obwohl sie Arbeitsplätze schafft. Die Aufenthaltserlaubnis schließt in der Regel die Ausübung eines selbständigen Gewerbes aus. Das Verbot ist wasserdicht, es kann nicht durch die Gründung einer GmbH umgangen werden. Die Banken zögern verständlicherweise mit der Kreditvergabe, weil eine Aufenthaltsberechtigung – nicht nur eine vorübergehende Duldung – erst nach acht Jahren erteilt wird. Die Wirtschaftsverbände und Kammern haben die Sprachregelung, daß, soweit ein Ermessensrahmen besteht, bei der Erlaubnis für Ausländer-Selbständigkeit möglichst restriktiv verfahren werden soll. Zwar ist diese Haltung sehr protektionistisch und widerspricht auch dem Geist des gemeinsamen europäischen Binnenmarktes. Aber die Mittelstandspolitik wird als Angelegenheit der Nationalstaaten betrachtet und ist dementsprechend kleinkariert. Die Brüsseler EG-Behörde wiederum interessiert sich kaum für Kleingründungen. Ihre Großbürokratie bevorzugt eher Großfirmen. Und so bilden sich am Vorabend des Binnenmarktes gigantische internationale Konzerne und Unternehmenszusammenschlüsse, werden Großfirmen hin und her verkauft – einem ausländischen Kleinunternehmen dagegen werden Schwierigkeiten gemacht. Insbesondere das Handwerk schottet sich total ab: Ohne Gesellenbrief, Meisterschule und Meisterprüfung geht gar nichts. Das ist eine rein deutsche Besonderheit – wer trotzdem tropfende Wasserhähne abdichtet oder Hemden wäscht, riskiert eine Strafanzeige. Damit gelingt es den etablierten Handwerksbetrieben, sich lästige Konkurrenz vom Leibe zu halten – zum Nachteil der Verbraucher, die mit weit überhöhten Handwerksrechnungen konfrontiert werden. Doch auch hier richten sich Ausländer erfolgreich in Marktnischen ein: »Elektropolski« und »Malerpolski« heißen in Berlin die gut organisierten Schwarzarbeitsfirmen, die auch ohne Eintragung in die Handwerksrolle gut und billig ihre Dienste anbieten. Allerdings zeigt eine Aufstellung der Lastenausgleichsbank, die Aufbaudarlehen an Asylberechtigte vergibt, daß auch in anderen Bereichen Marktchancen für Ausländer gesehen werden: Bankkredite wurden danach vergeben für Schildermalerei, an Computer-Grafik-Unternehmen, für Film- und Videoproduktion, KFZ-Reparatur und ein Recycling-Unternehmen.

Doch noch immer werden im allgemeinen ausländische Existenzgründungen eher behindert als gefördert – die Erkenntnisse von Sombart akzeptiert man nicht. Wohingegen in England und den USA Existenzgründungen von Ausländern bewußt als Mittel im Kampf gegen Arbeitslosigkeit eingesetzt und gefördert werden. Welches Potential in den zugewanderten Minderheiten steckt, beweist eine Gruppe entgegen dem bundesdeutschen Vorurteil: Die Türken sind mittlerweile zu der wirtschaftlich aktivsten Minderheit geworden. Nicht nur der Computerfachmann Ismet Koyun ist ein Beispiel dieser wirtschaftlichen Potenz, auch Kemal Ilcak – Geschäftsführer und Eigentümer einer der modernsten Druckereien – TER – in der Bundesrepublik: 21 Objekte werden bei TER in Frankfurt täglich hergestellt. Spezialisiert hat sich die Firma auf ausländische Zeitungen. Die türkische Tageszeitung »Tercüman« war der Anfang – es folgten die internationale Ausgabe von »Corriere della Sera«, »La Gazetta dello Sporto«, die arabische »Asharq Al-Awsat« und der englische »The Guardian«. Ilcaks Erfolgsrezept ist, daß er die Druckvorlagen via Satellit in seine Druckerei holt und damit schneller und billiger arbeiten kann – mit mittlerweile 100 Mitarbeitern (davon ein Drittel Deutsche) und einem Jahresumsatz von 125 Millionen DM.

Türken: Start in die Selbständigkeit

Redaktionsbesprechung bei einem deutschen Wirtschaftsmagazin zum Thema Türken: Die Fotoredaktion schlägt eine Aufnahme vor, auf der offensichtlich orientalische Müllmänner Tonnen rollen. Selbst Journalisten haben den sozialen Aufwärtstrend in den wirtschaftlichen Mittelstand bei den Türken noch nicht mitbekommen. Dabei sind die Zahlen beeindruckend: Über 30 000 selbständige Türken gibt es derzeit in der Bundesrepublik. Insgesamt 100 000 neue Arbeitsplätze wurden so geschaffen. Durchschnittlich wurden pro Unternehmen 173 000 DM investiert, der durchschnittliche Umsatz beträgt fast 800 000 DM. Für alle Betriebe zusammen wurden mehr als 5,1 Milliarden DM investiert, und der Gesamtumsatz beläuft sich auf 23,4 Milliarden DM. Mehr als die Hälfte aller Geschäftsführer will expandieren, so eine Umfrage.

Noch beeindruckender ist die Art der türkischen Geschäfte: In über 50 verschiedenen Branchen sind türkische Unternehmer heimisch – Consultingfirmen, Wurst- und Textilfabriken, Druckereien, Reisebüros und Videokassettenherstellung zählen ebenso dazu wie eine Detektei.

Ausgelöst ist der türkische Run auf die Selbständigkeit von einem ganzen Motivbündel: Da ist die steigende Arbeitslosigkeit unter Türken in Deutschland, verbunden mit der schwierigen wirtschaftlichen Lage in der Türkei. Ursprünglich sparten die Gastarbeiter-Türken auf die Rückkehr in die Türkei – rund 45 % des Einkommens wanderten auf das Sparkonto. Ziel war die Existenzgründung in der Türkei, etwa über türkische Arbeitnehmergesellschaften, deren Ziel es war, mit dem Geld aus Deutschland Arbeitsplätze für die zurückkehrenden Teilhaber zu gründen. Dieser Versuch scheiterte – kaum eine der zunächst mehreren hundert türkischen Arbeitnehmergesellschaften schaffte den wirtschaftlichen Take-off. Mittlerweile liegt die Sparquote der türkischen Familien kaum über der ihrer deutschen Nachbarn. Bedroht von der Arbeitslosigkeit in Deutschland und der wirtschaftlichen Zukunftslosigkeit in der Türkei, sehen sie in der Selbständigkeit einen

Ausweg. Dazu kommt, daß die in Deutschland lebenden Türken auch intellektuell häufig zur Elite zählen: Viele von ihnen flohen vor dem Terror des Militärs oder der Unterdrückung, der sich vor allem Kurden und Christen in der Türkei ausgesetzt sehen. Wirtschaftliche und gesellschaftspolitische Motive bewirken eine positive Auslese.

Doch unsere Wirtschaftspolitik reagiert auch auf diese Entwicklung noch nicht angemessen. Statt Rückkehrhilfen für rückwandernde Türken zu finanzieren, so fordert Faruk Sen, Leiter des Bonner Zentrums für Türkeistudien, sollte lieber der sich neu bildende türkische Mittelstand gefördert werden, der in Deutschland Arbeitsplätze schafft. In Berlin, mit rund 120 000 Türken und rund 5 000 türkischen Geschäftsleuten, hat sich mittlerweile sogar ein Türkischer Kaufleuteverein gebildet, um die Gründer mit notwendigem kaufmännischem und rechtlichem Wissen auszustatten. So haben die meisten Gewerbetreibenden aus dem Mittelmeerraum keine Ausbilderprüfung gemacht und dürfen daher keine Lehrlinge ausbilden. Nur langsam kommen Versuche in Gang, in Regionen wie Duisburg, Dortmund und Mannheim im Rahmen eines Modellversuchs Ausländer zu Ausbildern auszubilden.

Auch das Strohmänner-Unwesen soll beseitigt werden. Um die Eintragung in die Handwerksrolle zu umgehen, stellen viele ausländische Handwerker ohne Meisterprüfung pro forma deutsche Betriebsleiter mit dem begehrten Stück Papier ein. Es ist ein offenes Geheimnis, daß diese Papiermeister nicht überwachen oder ausbilden, sondern lediglich absahnen.

Dennoch ist das wirtschaftliche Potential unter dem trotz aller Widrigkeiten sich entwickelnden türkischen Mittelstand noch lange nicht ausgeschöpft.

Daß neuerdings die Türken oft die besseren Deutschen sind, beschreibt Ulli Kulke anschaulich in einer Reportage über einen Wohnblock im Berliner Wedding für das »Zeit«-Magazin: »In den größeren Wohnungen auf den vier Etagen wohnen Slovic, Özuler, Toprak und Yildirim. Die etwas kleineren Wohnungen tragen nur deutsche Namensschilder. Keiner der ausländischen Familienväter ist arbeitslos. Özuler zum Beispiel betreibt einen Döner-Kebab-Imbiß und hält ihn mit Hilfe zweier Söhne über zwanzig Stunden am Tag offen; Toprak hat einen Gemüseladen und kann sich – wie Özuler – einen Daimler leisten. Ganz anders die Wirtschaftslage in der deutschen Haushälfte: Zwei Wohnungen sind von Studentenwohngemeinschaften belegt, die übrigen Bewohner sind älter, arbeitslos und allesamt vom Alkohol gezeichnet. Es sind die Türken, die im alten Proletarierbezirk eine Art neuen Mittelstand bilden, während die Überbleibsel der früheren Arbeiterklasse dem Abstieg und der Sozialhilfe anheimfallen. Die ›deutschen‹ Tugenden wie Leistungsbereitschaft, Familien- und Ordnungssinn sind auf die Türken übergegangen, während passive ›Versorgungsmentalität‹ eher im deutschen Milieu zu finden ist.«

Brain drain oder Brain inflow?

Die Erkenntnis, daß Einwanderer als wertvollstes Gepäck ihr Know-how mitbringen, ihre Intellektualität, ist nicht neu. Vom Brain drain, dem Abfluß der wissenschaftlichen Elite, sprach man in der Bundesrepublik, als deutsche Wissenschaftler und Techniker nach dem Zweiten Weltkrieg in großer Zahl in die USA auswanderten. Die USA sind bereit, die besten Köpfe der Welt gezielt an sich zu binden und zu fördern: 40% der Wissenschaftler in den Labors und Thinktanks der USA sind Ausländer. Beim Nachweis wissenschaftlicher Leistung ist es nach Auskunft zahlreicher Betroffener nicht schwierig, Aufenthaltsgenehmigungen zu erhalten. Durch besonders attraktive Arbeitsbedingungen für Deutsche versucht seit einigen Jahren die Bundesregierung, den mittlerweile 40jährigen Brain drain umzukehren. Und Bundesforschungsminister Heinz Riesenhuber wirbt unumwunden für die Einwanderung ausländischer Wissenschaftler: Nur wenn »mehr Ausländer für ein Studium und erste Berufstätigkeit in Deutschland gewonnen werden, kann das drohende Defizit an qualifizierten Wissenschaftlern gemindert werden«, sorgt sich der Forschungsminister. Doch zur gleichen

Zeit macht der für das Ausländerrecht zuständige Innenminister die Bemühungen um einen Brain inflow wieder zunichte: Die Aufenthaltsgenehmigung für neue Einwanderer soll nach der Novelle des Ausländerrechts noch fester an einen bestimmten Aufenthaltszweck gebunden werden, z. B. ein Studium. Damit soll sichergestellt werden, daß ausländische Studenten nach Beendigung ihres Studiums die Bundesrepublik sofort wieder verlassen – während die USA sich darum bemühen, besonders begabte Absolventen an ihr Land zu binden! Die Politik führt zu unglaublichen Vorgängen: So fördert der Forschungsminister die Gentechnologie – ein indischer Spitzenwissenschaftler, der zusammen mit anderen Kommilitonen einen Gen-Technik-Laden gründen will, ist auf eine proforma-Heirat mit einer Kollegin angewiesen, weil er von der Ausweisung bedroht ist.

Blind beginnt die Bürokratie der Ausländerbehörden, von der Politik auf Fernhalten, Abweisen und Ausweisen gepolt, ohne Rücksicht auf andere Ziele die Ausländerfeindlichkeit zu exekutieren. Immer schwieriger wird es für Firmen, ausländische Spezialisten zu beschäftigen – für die Ausländerbehörden sind Ausländer allenfalls Müllmänner und Scheinasylanten, die »verfolgt gehören«. Die Folgen können verheerend sein: Über 100 000 DM kostete die Wartezeit in einem Labor einer Kernforschungsanlage, weil Ausländeramt und Botschaft versuchten, einen dringend benötigten Ingenieur aus Jugoslawien abzuwimmeln – ein vermeintlicher Wirtschaftsasylant. Solche Fälle häufen sich – obwohl Wissenschaft vom Austausch über die Grenzen lebt.

Doch nicht nur der Brain inflow wird ausgetrocknet – auch das Begabungsreservoir der in Deutschland lebenden Ausländer wird nicht richtig genutzt. Eine Ausnahme ist die Studienstiftung des Deutschen Volkes – eine der wenigen Eliteförderungen. 5,5% ihrer Stipendiaten sind mittlerweile in der Bundesrepublik aufgewachsene Ausländer – die Spitze eines Begabungspotentials, das ansonsten nur unzureichend genutzt wird. Denn nur selten können Ausländer ihre Ausbildung adäquat einsetzen – sie werden an den Rand gedrückt, wie eine Berufsanalyse von Asylberechtigten ergibt, die sich selbständig machten: Da werden der vietnamesische Chemiker, der polnische Kohlengrubentechniker, der polnische Lebensmitteltechniker, der tschechische Bauleiter und der iranische Installateur dazu veranlaßt, Lokale zu eröffnen – als Ausweichmöglichkeit, weil ihr Know-how sonst angesichts der zahlreichen Beschränkungen nicht genutzt werden kann. Der iranische Sozialwirt bringt es immerhin zum Copyshop, und der tschechische Filmregisseur zum Computer-Grafik-Unternehmen.

Geradezu tragisch sind die zahlreichen Fälle von Begabungen und Können, die zwangsweise in den Sammellagern für Asylbewerber fünf Jahre lang vergammeln, weil sie einem fünfjährigen Arbeitsverbot unterliegen: Da gibt es den iranischen Tiefbauingenieur, der noch dazu in Köln studiert und sein Examen abgelegt hat – hier ist er zum Nichtstun verurteilt. Da ist der arabische Logistik-Spezialist, der fünf Sprachen spricht und in der Sowjetunion ausgebildet wurde – seine Kenntnisse darf er hier nicht anbringen, obwohl es dafür Nachfrage gäbe. Da sind Ärzte, Wirtschaftswissenschaftler und Spezialisten aller Fakultäten, ein ungeheures Begabungspotential: Wirtschaftsflüchtlinge und Asylmißbraucher allesamt?

Kleinlich schottet sich die Bundesrepublik ab: Ausländer sind da für die Müllabfuhr, und wenn sie schon als Studenten kommen, dann ist es ein Gnadenakt, wenn wir sie bei uns studieren lassen – anschließend gehören sie abgeschoben.

Vernünftig ist diese unglaublich arrogante und überhebliche deutsche Einstellung nicht. Vielleicht sollte man daran erinnern, daß es andernorts und zu anderen Zeiten einen Kampf um qualifizierte Arbeiter gab. So berichtet Sombart: »Ähnlich wie im Mittelalter die einzelnen Städte um den Besitz von Handwerkern kämpften, so sehen wir die modernen Staaten bis zum Ende des 18. Jahrhunderts in einem erbitterten Kampfe um den gelernten Arbeiter liegen ... Notwendig mußten zwischen den einzelnen Staaten, die jeder seine Arbeiter zurückhalten und jeder fremde Arbeiter haben wollte, Konflikte entstehen. In der Tat finden wir während des 17. und 18. Jahrhunderts unausgesetzt die Regierungen im Streit untereinander um ihre Arbeiter, finden wir ganze Systeme ausgebildet, einerseits um neue Arbeiter heimlich herbeizulocken, andererseits um ihre Anwerbung und Auswanderung zu überwachen und zu verhindern. Der Kampf um die gelernten Arbeiter bildet einen regelmäßigen Gegenstand der diplomatischen Verhandlungen jener Zeit.«

7. KAPITEL

Einwanderer gesucht

> Der Mann, der Abend für Abend seine
> Brote unterm Arm festhielt,
> nahm Rücksicht auf seine Frau und
> verschwand.
> Seine Frau, die Tag für Tag mit ihren bunten
> Kleidern die Straße füllte,
> nahm Rücksicht auf ihr Kind und
> verschwand.
> Ihr Kind, das Morgen für Morgen trotz
> Untersagung
> im Hinterhof spielte,
> hielt die Hand seiner Mutter weinend fest,
> als es verschwand.
> Übrig geblieben
> ist die Wandparole
> »Ausländer raus«,
> die sich selbst jagt
> von Hauswand zu Hauswand.
>
> (Noureddine Ben Redjeb)

Neue Arbeitskräfte braucht das Land

An deutschen Kliniken herrscht Pflegenotstand: Die Stadt
Düsseldorf will für ihre Kliniken Pflegerinnen aus England
ausleihen, weil in der nordrhein-westfälischen Landeshauptstadt wegen Mangels an Personal drei Krankenhausabteilun-
gen geschlossen werden mußten und mehr als 500 Betten
nicht belegt werden können. Düsseldorf ist kein Einzelfall –
in München werden Soldaten als OP-Schwestern abkomman-
diert, und die Klinikverwaltung will ungarische Kranken-
schwestern einstellen. Auf österreichische Krankenschwe-

stern wollen oberbayerische Kliniken zurückgreifen und gezielt Aussiedler für diesen Beruf anwerben, um so einem bedrohlichen Engpaß an Personal spätestens ab Mitte der 90er Jahre zu begegnen. Die evangelische Diakonie wiederum will 1 000 Asylbewerber zu Pflegekräften ausbilden; an mehreren Arbeitsämtern werden sogar Überlegungen angestellt, ob nicht junge deutsch-brasilianische Frauen in die Heimat ihrer Vorfahren als Pflegekräfte zurückkehren sollen. Aus der DDR übersiedelnde Schwestern erhalten am Tag nach der Ausreise Stellenangebote.

Sicher, der Pflegenotstand hat auch darin seinen Grund, daß für den harten und anstrengenden Beruf vergleichsweise zuwenig bezahlt wird. Aber die Entwicklung zeigt andererseits: Die Arbeitskräfte werden wieder knapp, trotz einer offiziellen Arbeitslosenzahl von rund 2 Millionen Stellensuchenden. Der Arbeitskräftemangel trifft nicht gleichmäßig alle Bereiche, sondern natürlich zuerst die, wo die Arbeitsbedingungen als unangemessen hart empfunden werden. Und er macht sich bemerkbar, wenn es um die langfristige Sicherung des Nachwuchses geht: Mehr als 50 000 Lehrstellen blieben beim Handwerk im Jahr 1988 unbesetzt, und nach allen Prognosen werden die Lehrlingszahlen in den Folgejahren eher noch zurückgehen. Nach jahrelangem Lehrstellenmangel klaffen jetzt Angebot und Nachfrage in umgekehrter Richtung auseinander: Um 8,1% nahm die Zahl der Lehrstellenangebote bei den Arbeitsämtern zu – die Zahl der Bewerber dagegen schrumpfte um 10,7%. In russischer und in anderen osteuropäischen Sprachen wirbt seither das Handwerk für seinen goldenen Boden unter Aussiedlern, und Handwerkspräsident Heribert Späth will gezielt »Abiturienten, junge Ausländer oder junge Aussiedler« für das Handwerk gewinnen. Eine weitere Verschärfung des jetzt schon bestehenden Facharbeitermangels drohe, auch in bisherigen Modeberufen. Damit aber würden Beschäftigung und Wachstum gebremst. Die Bundesbahn meldet Verspätungen, weil ihr 1 300 Lokführer fehlen – ebenfalls ein Nachwuchsproblem, weswegen Lokführer von der Wehrpflicht zurückgestellt werden. Gar nicht mehr schnell genug kann es dem konservativen

Handwerkerchef mit der Einwanderung gehen: »Unverständlich« ist für Späth, daß Aussiedler durch langwierige Sprachkurse »von der Arbeit ferngehalten werden«.

Besonders hart vom Nachwuchsmangel sind Branchen betroffen, deren Image nicht sonderlich gut ist: »Der Bäcker bäckt keine kleinen Brötchen«, wirbt das Handwerk der

Grafik 7

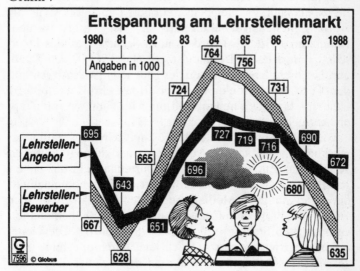

»Werde ich nach der Schule wohl eine Lehrstelle finden?« Viele Jungen und Mädchen haben sich in der Vergangenheit diese Frage gestellt, denn Lehrstellen waren »Mangelware«. Manche Jugendlichen gingen bei der Suche nach einem passenden Ausbildungsplatz leer aus oder mußten einen Beruf erlernen, der nicht ihren Interessen entsprach. Doch was sich bereits 1987 ankündigte, wurde im vergangenen Jahr deutlich sichtbar: 635 000 Jungen und Mädchen waren 1988 auf Lehrstellensuche – und hatten dabei die Wahl unter 672 000 angebotenen Ausbildungsplätzen. Zwar gibt es in der Bundesrepublik weiterhin regionale Unterschiede – Im Norden ist die Lehrstellensuche schwieriger als im Süden –, doch haben die Schulabgänger von heute keinen Grund zu Pessimismus: Im laufenden Jahr 1989 wird sich die Lehrstellensituation weiter verbessern. Und in den nächsten Jahren wird es statt »Lehrstelle gesucht« wohl immer häufiger heißen: »Lehrling gesucht.«

Quelle: Globus Kartendienst 1989.

zwangsweisen Frühaufsteher um Nachwuchs. Um 30% seien in den vergangenen Jahren die Lehrlingszahlen auf dem Bau gefallen, die Belegschaft vieler Baubetriebe sei schon heute, so die Fachverbände, völlig überaltert: Bis zu 40% der Belegschaften werden in den nächsten Jahren pensioniert – Ersatzkräfte sind nicht in Sicht.

In den Metallberufen etwa stieg das Angebot der Ausbildungsstellen von 1986 bis 1988 um 8%. Die Zahl der Bewerber aber sank im gleichen Zeitraum um 23%. Mehr als 50 000 Lehrstellen konnten auch hier nicht besetzt werden. Bereits im Jahre 1990 wird es nach Schätzungen des Deutschen Industrie- und Handelstages (DIHT) 300 000 Schul- und Hochschulabgänger weniger geben als 1989. Ab Anfang der 90er Jahre würde damit jeder dritte Lehrplatz unbesetzt bleiben – für jeden neuen Lehrling wird dann ein roter Teppich ausgebreitet werden, so der DIHT.

Was sich da plötzlich als Mangel an Nachwuchskräften bemerkbar macht, ist das Auslaufen einer demographischen Welle – das Ende des starken Geburtenanstiegs der ersten Jahrzehnte nach dem Zweiten Weltkrieg. Babyboom nennen die amerikanischen Medien die starken Jahrgänge der 50er und 60er Jahre – eine Entwicklung, die sich ähnlich in allen europäischen Staaten und in den USA vollzog. Die Generation der Babyboomer hat sich jetzt durch überfüllte Kindergärten, die drangvolle Enge an den Schulen und Lehrwerkstätten geschoben und drängelt sich derzeit an den Hochschulen und auf dem Arbeitsmarkt, der für sie noch nicht Lehrstellen im Überangebot bereithielt. Die nachfolgende Generation der 70er Jahre ist wesentlich weniger zahlreich – und trifft auf für sie wesentlich günstigere Bedingungen. Dabei ist das oben verwandte Bild von der Welle falsch – bei Wellen kommt nach dem Tal erneut ein Gipfel. Aber bei der demographischen Entwicklung der deutschen Bevölkerung ist keine neue Welle in Sicht: Die Babyboomer sind vielmehr ein einmaliger Berg, der sich durch das gesamte gesellschaftliche System schiebt. Danach werden die Deutschen immer weniger.

Sterben die Deutschen aus?

In nur zehn Jahren zwischen Mitte der 60er und Mitte der 70er Jahre sank die Zahl der jährlichen Geburten in Deutschland von 1 Million auf derzeit rund 600 000. Weil die Zahl der Todesfälle mit rund 700 000 pro Jahr weitgehend konstant ist, ergibt sich ein etwa gleichbleibendes Geburtendefizit von 100 000 – die deutsche Bevölkerung schrumpft. Diese Entwicklung wird sich noch beschleunigen; denn jetzt ist es ja die zahlenstarke Generation der Babyboomer, die Kinder bekommt. In wenigen Jahren aber, wenn sich diese Generation in der Alterspyramide nach oben geschoben hat, kommt es zu einem von den Bevölkerungsforschern so genannten »Echoeffekt« – die zahlenmäßig kleinere jetzige Lehrlingsgeneration wird noch weniger als 600 000 Kinder bekommen – und so weiter und so fort: Das Geburtendefizit wird sich folglich immer weiter vergrößern. Schon jetzt müßte, um zu verhindern, daß die Bevölkerung auf längere Sicht schrumpft, die Zahl der Geburten um zwei Drittel ansteigen, also von den derzeit 600 000 auf etwa 1 Million im Jahr. Und wenn die zahlenmäßig schwächeren Generationen der Nach-Babyboom-Zeit betrachtet werden, müßte sich deren Kinderwunsch, verglichen mit den gegenwärtigen Familien, glatt verdoppeln. Doch diese Annahme ist alles andere als wirklichkeitsnah. Der Echoeffekt führt vielmehr dazu, daß, sobald die geburtenschwachen Jahrgänge ins Heiratsalter einrücken, sich der Bevölkerungsrückgang quasi von selber trägt – immer weniger Mütter gebären immer weniger zukünftige Mütter.

Unverständlich ist, wie sich noch immer viele Politiker und Publizisten der Illusion hingeben können, durch ein paar Mark mehr Kindergeld oder ähnliches könnte der Trend gebrochen und die Gebärfreude stimuliert werden. Denn die langfristige Betrachtung zeigt, daß die Zahl der Kinder pro Familie seit Jahrhunderten sinkt. Zum Echoeffekt kommt die Tatsache, daß immer weniger Kinder gewünscht werden. Je nach Lebensumständen werden Geburten vorgezogen oder auf später verschoben, und daher schwankt die Zahl der Geburten pro Jahr relativ stark. Doch auf den gesamten Lebens-

Grafik 8: *Gesamtzahl an Kindern je 100 Ehen in Deutschland*

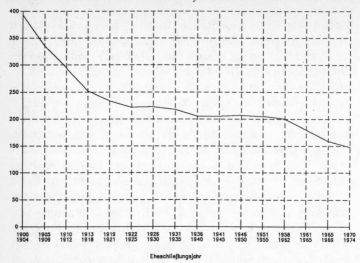

Eheschließungsjahr

Quelle: Horst Recktenwald (Hrsg.), Der Rückgang der Geburten – Folgen auf längere Sicht. Mainz 1989.

lauf der Familien bezogen, werden von Elterngeneration zu
Elterngeneration weniger Kinder geboren.

Auch die Generation der Babyboomer ist nicht deshalb so
groß, weil ihre Eltern plötzlich mehr Kinder wollten: Es ist
der pure Nachholeffekt von Familien, die ihre Kinderwün-
sche in der Kriegs- und Nachkriegszeit zunächst zurückstell-
ten und später nachholten – insgesamt gesehen jedoch weniger Kinder zur Welt brachten als wiederum ihre Eltern. Während in den Ehen, die zu Beginn unseres Jahrhunderts geschlossen wurden, in 100 Ehen noch knapp 400 Kinder geboren wurden, sank die Kinderzahl schon in den 30er Jahren auf
205. Dieses Niveau blieb bis etwa 1955 konstant, dann erfolgte der erneute Rückgang: Nur noch 148 Kinder kommen in jeweils 100 in den 70er Jahren geschlossenen Ehen zur Welt. Es
sind 72 Kinder je 100 Ehen zuwenig, denn es müßten mindestens 220 Kinder geboren werden, um die Bevölkerungszahl
konstant zu halten.

Das Ergebnis dieser kaum umkehrbaren Entwicklung aus
der Kombination von Echoeffekt und sinkendem Kinder-

wunsch: Die Bevölkerungswissenschaftler sprechen von einer fast unausweichlichen Bevölkerungs-Implosion – einem raschen In-sich-Zusammenfallen der Bevölkerung. Die Bevölkerung schrumpft und vergreist. Wie sich das zahlenmäßig entwickelt, errechnete das Statistische Bundesamt unter drei verschiedenen Annahmen:

– im Modell I bleibt das Gebärverhalten auf dem Niveau des Jahres 1984;

– im Modell II sinkt die Geburtenfreude weiter ab – statt 600 000 Kindern würden von einer gleichgroßen Bevölkerung nur noch 500 000 Kinder geboren;

– im Modell III schließlich steigt die Geburtenzahl wieder auf 800 000 an.

Selbst bei dem optimistischen Modell III, das einen sofortigen Geburtenboom verlangt, schrumpft die Bevölkerung schon in etwa 15 Jahren – der unvermeidliche »Echoeffekt« der jetzt schon geborenen, zu geringen Generation schlägt durch. Statt derzeit 61 Millionen Deutsche gibt es in 40 Jahren dann nur noch knapp 53 Millionen.

Grafik 9: *Wie die deutsche Bevölkerung schrumpft*
in Mill.

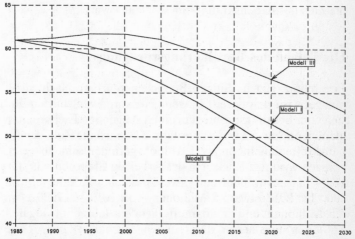

Quelle: Horst Klaus Recktenwald (Hrsg.), Der Rückgang der Geburtenfolgen auf längere Sicht. Mainz 1989.

Aber vermutlich wird es viel schneller gehen – bleibt das derzeitige Familienverhalten konstant, schrumpft die bundesdeutsche Bevölkerung ab sofort um 150 000 Menschen jährlich auf 59,3 Millionen im Jahr 2000 und auf nur noch 46,3 Millionen im Jahr 2030.

Im vermutlich noch realistischeren Modell eines weiteren Rückgangs der Kinderzahl je Familie schrumpft die Bevölkerung um jährlich 300 000 Menschen – nur noch 58 Millionen Deutsche gibt es danach in zehn Jahren oder 43 Millionen im Jahr 2030. So lange ist es nicht mehr bis dahin!

Die deutsche Wiedervereinigung hat an dieser Grundaussage nichts geändert:

Die gesamtdeutsche Bevölkerung ist kaum jünger als die westdeutsche. Und auch die früher tatsächlich höhere Zahl von Kindern in DDR-Familien hat sich seit der Wende auf westdeutsches Niveau, teilweise sogar darunter, reduziert.

Denn: Im vereinten Deutschland lebten 1991 rund 79 Millionen Menschen. Unter der realistischen Annahme, daß die Lebenserwartung weiter geringfügig ansteigt, die Geburtenraten aber nicht ansteigen werden, wird die gesamtdeutsche Bevölkerung 2010 um rund 4 Millionen und schon 2030 um rund 14 Millionen niedriger sein als heute. Und in der Folge sinkt auch die Zahl der Arbeitskräfte – um schätzungsweise 30 %.

Die Folgen des Bevölkerungsrückgangs

Der schon jetzt in einigen Bereichen spürbare Nachwuchsmangel wird sich bereits in wenigen Jahren verschärfen und sich vom Lehrlingsproblem in einen steigenden Facharbeitermangel umwandeln. Bis zum Jahr 2000 wird die Zahl der Arbeitskräfte um mehr als 1 Million geringer sein als jetzt. Danach wird der Rückgang des Arbeitskräftepotentials stärker – bei unverändertem Erwerbsverhalten könnte er von 2000 bis 2010 etwa 1,5 Millionen, von 2010 bis 2020 etwa 2,5 Millionen und im darauffolgenden Jahrzehnt sogar 4 Millionen ausmachen. Das genaue Ausmaß ist nicht ohne weiteres abzusehen, denn es gibt wichtige Verhaltensweisen, die darauf Einfluß haben: etwa, wie lange die Ausbildung dauert und wann die Rente beginnt; wie viele Frauen ihr Hausfrauendasein mit Berufstätigkeit vertauschen. Auf Jahrzehnte könnte der Bevölkerungsrückgang ausgeglichen werden, wenn statt bisher 58% der Frauen zwischen 25 und 55 Jahren 80% dieser Frauen arbeiten würden. Würde die Arbeitszeit schließlich um wöchentlich eine Stunde verlängert, entspräche dies der Arbeitsleistung von ca. 700 000 Menschen. Doch das alles sind Rechenspiele – der Trend hin zu mehr Freizeit wird eher zu- als abnehmen. Mit Ausnahme der Frauenerwerbsbeteiligung haben in der Geschichte der Bundesrepublik alle Faktoren dazu beigetragen, daß pro Kopf weniger statt mehr gearbeitet wurde. (Siehe Kapitel 5.) Es ist nicht einzusehen, warum sich dieser Trend plötzlich umkehren sollte.

Doch auch wenn die Deutschen wieder mehr und länger arbeiten würden, wären längst nicht alle Probleme des Bevölkerungsrückgangs bewältigt. Die derzeitigen Systeme der sozialen Sicherung sind so nicht aufrechtzuerhalten. Von derzeit rund 18 auf 36% müßten allein die Beitragssätze der gesetzlichen Rentenversicherung steigen, so übereinstimmend die Prognoserechnungen. Aber auch der Beitragssatz für die gesetzliche Krankenversicherung könnte sich annähernd verdoppeln, weil die medizinische Versorgung älterer Menschen teurer und aufwendiger ist und die Zahl der gesunden, jungen Beitragszahler schrumpft. Noch unkalkuliert sind die Kosten der Pflege für die schnell steigende Zahl älterer Mitbürger, die sich nicht mehr selbst versorgen können – und die wegen des Zusammenbruchs der bisherigen Familienstruktur immer seltener in Familien und immer häufiger in Heimen und Spitälern versorgt werden müssen.

Der wohl dramatischste Anstieg an Ausgaben jedoch trifft die Staatskasse durch die Pensionäre: Bund, Länder und Gemeinden werden im Jahr 2030 für Pensionszahlungen 6,35% des Bruttosozialprodukts aufwenden müssen – anstelle von derzeit 1,77%. Die Ausgaben für die ehemaligen Mitarbeiter im öffentlichen Dienst werden sich damit vervierfachen, der Beamtenstaat wird unfinanzierbar. Die alternde Republik wird schnell ihr Gesicht verändern: In den Vororten der Großstädte, wo heute die besser verdienenden Mittelstandsfamilien wohnen, werden dann bis zu 70% Alte leben, so der Bevölkerungswissenschaftler Herwig Birg – gigantische Altersdörfer am Stadtrand. Derzeit klagen die Kämmerer der Großstädte noch, daß sie Verkehrsmittel und Infrastruktur für die Pendler aus den Trabantenstädten bereitstellen müssen. In Zukunft aber wird es für das Heer der grauen Vorortbewohner zu beschwerlich sein, in die Städte zu fahren – die Innenstädte, Einkaufsstraßen und Theater werden veröden. Und verschärfen wird sich die schon heute zu beobachtende Ausdünnung des schulischen Versorgungsnetzes und von Einrichtungen wie Kindergärten. Schon jetzt müssen kleinere Universitäten wie z. B. in Trier, erst vor wenigen Jahren gegründet, um ihr Überleben bangen – in Zukunft werden sich die heute noch überfüllten Universitäten einen Wettkampf um Studenten liefern, so wie es jetzt schon Gymnasien tun. Das wird nicht ohne Konflikte abgehen – die Schließung der ersten Lehrerbildungsstätten erfolgte bereits unter wütenden Protesten.

Über die mittelbaren Auswirkungen auf Wirtschaft und Gesellschaft lassen sich noch kaum Aussagen machen: Eine Gesellschaft, in der ältere Menschen dominieren, wird in vielen Bereichen konservativer, Neuem weniger aufgeschlossen und abwehrender gegen Neuerungen sein. Sicherheitsdenken und Festhalten am Bewährten werden über Innovationen und Revolutionen triumphieren; denn Fortschritt in den Labors wird schließlich nicht von grauhaarigen Forschern geleistet, sondern von ehrgeizigen Newcomern, die rücksichtslos überkommene Lehrgebäude in Frage stellen. In einer Gerontokratie werden bestehende wissenschaftliche Lehrmeinungen perfektioniert und ausgebaut werden – die Kreativität junger Forschergenerationen gerät in einen Engpaß. Das wird früher oder später auch auf die wirtschaftliche Leistungsfähigkeit durchschlagen, denn nur mit dem Erfahrungsschatz der Alten sind Neuerungen der Jungen auf Dauer nicht aufzuwiegen.

Vielleicht kommt es zu einem wütenden Kampf der Generationen gegeneinander, wie der Göttinger Soziologe Gronemeyer vermutet: Die Alten werden den Jungen künftig eher als gierige Greise, als unersättliche Parasiten erscheinen. Der Boden ist bereitet für den Altersklassenkampf. Von der Jahrtausendwende an könnte er die Welt tiefer spalten als Rassenhaß, Geschlechterkrieg oder Klassenkampf zwischen Kapital und Arbeit. Die Alten werden entdeckt als ein graues Heer von Abgabensaugern, die ein Riesenstück für sich fordern von einem Kuchen, an dem sie nicht mehr mitbacken. Die Entwicklung läuft auf eine Explosion zu. Die Jungen mögen sich noch so ereifern über das Anspruchsdenken der Alten, diese aber stellen bald die Mehrheit. Wenn sie sich organisieren, sind die Jungen ihnen ausgeliefert, so der Wissenschaftler. Es mag sich vielleicht weniger krass entwickeln. Aber es gibt ernste Anzeichen dafür, daß es zum Verteilungskampf zwischen Jungen und Alten kommt: Da gründet sich eine Partei namens »Die Grauen« – eine Rentnerpartei, deren einziges programmatisches Ziel die Verbesserung ihres Lebenszusammenhangs zu Lasten der Jungen ist. Der Haß der Jungen oder besser: der Noch-nicht-Alten richtet sich zunehmend gegen die schon Altgewordenen. So verbietet der Verwaltungsgerichtshof Baden-Württemberg, daß ein kleines Altenwohnheim in einem Wohngebiet gebaut wird. Das Anfahren von Krankenwagen, zumindest gelegentliche Rufgeräusche und andere »Immissionen« könnten die gutbürgerliche Nachbarschaft stören, so die Richter: die Alten als Immissionsursache, als lästige Lärmquelle, die man möglichst in Autobahnnähe unterbringen sollte, wo ihr Schreien und Rufen ungehört über dem Verkehrslärm verhallt. Grausamere Visionen für das Leben im Alter gibt es kaum. (Dasselbe Gericht, allerdings eine andere Kammer, untersagte kurz vor diesem Urteil die Errichtung eines Asylantenheimes in einem Wohngebiet – mit einer ganz ähnlichen Begründung: »Die Zusammensetzung des Personenkreises aus verschiedenen Nationalitäten, Religionen und Kulturkreisen birgt Konfliktpotential in sich, das durch die extreme räumliche Enge und die teilweise zwangsweise auferlegten Lebensumstände noch erhöht wird und sich durchaus in Auseinandersetzungen entladen kann, die nach außen sicht- und hörbar werden.« Es muß ausgegrenzt werden, wer laut werden könnte – gleich, ob alt oder Asylant.)

Der Konflikt der Jungen mit den Alten könnte wiederum Wanderungsbewegungen auslösen. Denn wenn die Jungen schon von den Alten per Stimmzettel majorisiert werden, bleibt ihnen doch eine andere Möglichkeit: die Abstimmung per Abwanderung, um so einem Generationenvertrag zu entgehen, der für sie nur Leistungen ohne Gegenleistung beinhaltet. Leistungsfähige Junge würden in Länder abwandern, in denen die Belastungen mit Steuern und Sozialabgaben zugunsten der Alten nicht so drückend sind wie in Deutschland. Vielleicht aber würden auch die Alten abwandern – in Länder, in denen die Sonne scheint und die Pflege der Alten vielleicht mit mehr menschlicher Wärme und Anteilnahme erfolgt. Schon jetzt gibt es Altensiedlungen im bayerischen Alpenland und Siedlungen rüstiger Rentner aus den nordeuropäischen Industriestaaten an den Rändern des Mittelmeers: Darauf ist ein großer Teil der Deutschen-Zuzüge nach Spanien zurückzuführen – denn längst wandern mehr Deutsche nach Spanien aus als Spanier nach Deutschland. Den Vogel schießt die japanische Regierung ab: Sie ließ ernsthaft Pläne für den massenhaften Export ihrer Alten in die asiatischen Länder prüfen, wo Pflege und Unterhalt billiger sind. Die Zuwanderer aus der DDR und Osteuropa können dieses Problem nur kurzfristig entschärfen, indem sie den heutigen Arbeitskräftemangel mildern. Das Problem der baldigen Überalterung werden sie tendenziell eher verschärfen: Sie vergrößern die derzeit ohnehin starke Generation der Babyboomer. Aber in wenigen Jahrzehnten wird daraus ein Rentner-Boom werden. Noch mehr Einwanderer müssen dann angeworben werden.

Die Überalterung der Alten Welt

Der Rückgang der Geburtenzahl und die dadurch ausgelöste Überalterung der Bevölkerung ist kein auf Deutschland beschränktes Phänomen: In ganz Europa sinkt die Geburtenrate. In Italien wurden in den vergangenen Jahren sogar vergleichsweise weniger Kinder geboren als in der Bundesrepu-

Tabelle 9: *Wie sich die Geburtenrate in den Industrieländern entwickelt (ausgedrückt in der durchschnittlichen Zahl der Kinder pro Frau)*

Land	1960	1965	1970	1975	1980	1985	1986
Irland	3,8	4,0	3,9	3,5	3,3	2,5	2,5
Australien	3,5	3,0	2,9	2,2	1,9	2,0	1,9
Neuseeland	3,9	3,6	3,2	2,3	2,1	2,1	1,9
USA	3,7	2,9	2,5	1,8	1,8	1,8	1,9
England	2,7	2,7	2,3	1,9	1,8	1,8	1,8
Frankreich	2,7	2,8	2,5	2,0	2,0	1,8	1,8
Spanien	2,8	2,9	2,9	2,7	2,5	2,0	1,8
Finnland	2,7	2,4	1,8	1,7	1,6	1,7	1,7
Kanada	3,8	3,1	2,3	1,8	1,8	1,7	1,7
Schweden	2,2	2,4	1,9	1,8	1,7	1,7	1,7
Norwegen	2,8	2,9	2,5	2,0	1,7	1,7	1,6
Belgien	2,5	2,6	2,2	1,7	1,7	1,5	1,5
Italien	2,3	2,5	2,4	2,1	1,7	1,4	1,5
Niederlande	3,1	3,0	2,6	1,7	1,6	1,5	1,5
Österreich	2,6	2,7	2,3	1,8	1,7	1,5	1,5
Schweiz	2,3	2,6	2,1	1,6	1,6	1,5	1,5
Dänemark	2,5	2,6	2,0	1,9	1,7	1,4	1,4
Bundesrepublik Deutschland	2,3	2,5	2,0	1,5	1,5	1,3	1,3
Island	4,3	3,7	2,8	2,6	k. A.	1,9	k. A.
Luxemburg	2,3	2,3	2,0	1,5	k. A.	1,4	k. A.

Quelle: Weltbank, Weltentwicklungsbericht. Washington, D. C., 1988, S. 315.

blik – nur 1,3 Kinder je Ehepaar. In der Bundesrepublik waren es immerhin noch 1,7. Nach der Statistik der Bevölkerungswissenschaftler sind aber 2,1 Kinder je Familie notwendig, um die Bevölkerungszahl stabil zu halten. Selbst in Süditalien, in Neapel, werden nur noch 1,8 Kinder je Familie zur Welt gebracht. Im industrialisierten Norden Italiens ist die Kinderrate sogar auf 1,09 gesunken. Ähnlich die Entwicklung in Großbritannien: Die Altersgruppe der Berufsanfänger zwischen 16 und 24 Jahren wird in den nächsten sieben Jahren um ein Fünftel oder 1,2 Millionen auf unter 5 Millionen Menschen schrumpfen – Lehrlingsmangel somit auch in England. Einen Geburtenüberschuß weist in der Europäischen Ge-

Grafik 10: *Immer weniger Kinder*
Entwicklung der sogenannten Fruchtbarkeitsrate in ausgewählten europäischen Ländern. (Bringen jeweils 100 Frauen in ihrem ganzen Leben weniger
als 210 Kinder zur Welt, schrumpft die Bevölkerung – die demographische Null-
Linie wird dann durchbrochen.)*

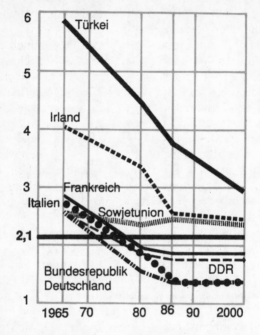

*) vereinfacht ausgedrückt: durchschnittliche Zahl der Kinder, die eine Frau während ihres ganzen Lebens zur
Welt bringt.

Quelle: Weltbank – Wirtschaftswoche, 1989.

meinschaft nur noch das katholische Irland auf – auch in Ländern wie Portugal, Spanien und Griechenland sind die Geburtenraten längst unter die sogenannte Reproduktionsrate von
2,1 Kindern je Familie gesunken. Zwar steigt in den meisten
Ländern die Bevölkerungszahl zunächst noch weiter an, weil
die Lebenserwartung zunimmt und der europaweite Echoeffekt aufgrund einer derzeit zahlenmäßig noch starken Eltern-

generation vorgaukelt, daß die Wende nach unten noch nicht eingetreten sei. Doch schon in wenigen Jahrzehnten wird sich das Schrumpfen der Bevölkerungszahl nicht mehr verbergen lassen. Zwischen 1995 und 2025 wird die italienische Bevölkerung um 9% schrumpfen, die belgische um 6%, die dänische um 7%, das erwartet die Kommission der Europäischen Gemeinschaft. Der gemeinsame Binnenmarkt wird zum Zeitpunkt seiner Realisierung 1992 rund 320 Millionen Bürger zählen – und bis zum Jahr 2040 auf 300 Millionen schrumpfen. Die Folge wird europaweit ein Rückgang der Bevölkerung im erwerbsfähigen Alter und ein Anwachsen der Rentnergeneration sein – sowohl relativ wie absolut: Immer mehr Rentner wird es geben, weil die Lebenserwartung dank der Erfolge der modernen Medizin und der verbesserten Lebensumstände steigt. Der wachsenden Zahl älterer Menschen wird aber eine immer geringere Zahl junger gegenüberstehen, so daß sich das Zahlenverhältnis zwischen der alten und der jungen Generation immer mehr zu Lasten der Jungen verschiebt.

1981 gab es im Europa der zunächst neun Mitgliedstaaten (Bundesrepublik, Frankreich, Italien, Belgien, Holland, Luxemburg, Dänemark, Irland, Großbritannien) 1 Million mehr Berufsanfänger als zusätzliche Rentner. Schon 1993 wird das Verhältnis ausgeglichen sein, und bis zum Jahr 2000 fehlen jährlich 300 000 Berufsanfänger. Zunächst wird es noch einen Ausgleich durch Spanier, Griechen und Portugiesen geben – bis eben auch in diesen Ländern die sich jetzt abzeichnende Entwicklung voll durchschlägt. Die Folgen dieser Entwicklung sind bisher noch kaum ins Bewußtsein gedrungen: Nicht zu viele Zuzügler oder Gastarbeiter werden das Problem der nächsten Jahrzehnte sein – sondern die Frage, ob und wie die Bundesrepublik ihren Einwanderungsbedarf befriedigen kann. Europaweit wird ein Wettkampf um Arbeitskräfte ausbrechen. Die südeuropäischen Länder werden dann nicht mehr als Partner für Anwerbeverträge in Frage kommen – denn auch dort gibt es dann mehr Arbeitsplätze als Arbeitnehmer. Die Anwerbetrupps der Bundesanstalt für Arbeit werden in die Türkei ausweichen müssen oder nach Nordafrika, denn nur in diesen Ländern gibt es dann noch ein Reservoir an Arbeitskräften für die Industriestaaten und die Altersheime Europas.

In den osteuropäischen Ländern wiederholt sich die Entwicklung des Westens: Längst ist das Geburtenverhältnis in Deutschland-Ost ähnlich niedrig wie in Deutschland-West. In Polen, Ungarn, Rumänien, der Tschechoslowakei und im europäischen Teil der Sowjetunion – überall sinken die Geburtenzahlen, und die Bevölkerung beginnt zu schrumpfen.

Nord-Süd-Konflikt statt Ost-West-Konflikt?

Die Weltbevölkerung insgesamt aber wächst: 1987 hat sie die 5 Milliarden-Grenze überschritten. Bis zum Jahr 2000 wird die Zahl der Menschen voraussichtlich auf 6,1 Milliarden steigen. Das Wachstum der Weltbevölkerung hat sich in den vergangenen Jahrzehnten enorm beschleunigt: von 2 Milliarden Menschen im Jahr 1920 auf 3 Milliarden in 1960 und 4 Milliarden 1974. In nur 13 Jahren kam eine weitere Milliarde dazu; und nur zwölf weitere Jahre wird es dauern, um noch 1 Milliarde mehr Menschen hinzuzufügen. 90% des Zuwachses finden in Asien, Afrika und Lateinamerika statt. Langfristprognosen der Vereinten Nationen gehen davon aus, daß sich im beginnenden nächsten Jahrtausend der Bevölkerungszuwachs irgendwo zwischen 7,5 und 14,2 Milliarden Bewohnern des blauen Planeten stabilisieren wird.

Die Welt zerfällt damit in zwei Hälften: in eine reiche Welt des Nordens mit geringerem Bevölkerungswachstum oder regionenweise sogar einem absoluten Rückgang – und eine arme Welt mit schnell wachsender Bevölkerung im Süden. Der bisher die Weltpolitik bestimmende Ost-West-Konflikt zwischen kapitalistischen und sozialistischen Staaten löst sich auf, denn unterdessen haben sich die demographischen Bedingungen zwischen den kapitalistischen Ländern Europas, Amerikas und Ozeaniens und den Ländern des Ostblocks weitgehend angenähert. Daher sind sich die Entwicklungs- und Lebensbedingungen im nördlichen Teil der Welt von Nordamerika über Europa, die Sowjetunion bis Japan mit Austra-

Grafik 11: *Wachstum der Weltbevölkerung**

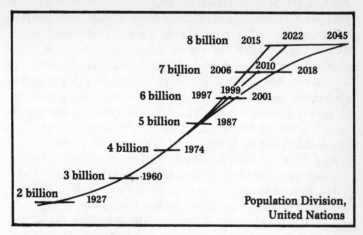

Quelle: Population Division, United Nations.
* billion = Milliarde

lien sehr ähnlich geworden – und daraus ergibt sich eine Interessengemeinschaft dieser Räume gegenüber dem Bevölkerungsdruck aus der Dritten Welt. »Aus der von den Lebensverhältnissen und ihren Perspektiven her gesehen ähnlichen Situation in der ersten und zweiten Welt gegenüber derjenigen in der Dritten Welt läßt sich mit langfristiger historischer Kühnheit auch folgern, daß eine zunehmende politische Interessenkoordination der kapitalistischen und sozialistischen Teile der nördlichen Hemisphäre gegenüber dem auf absehbare Zeit hinaus stetig wachsenden Verteilungsdruck aus der dritten Welt statthaben wird. Möglicherweise sind koordinierte Verhaltensweisen der Führungsmächte der ersten und zweiten Welt gegenüber etwa der islamischen Sphäre und eine zunehmende politische Annäherung der Großmächte dort, wo es um die Verteidigung weltweiter gemeinsamer Interessen des Nordens gegenüber unkontrollierbaren Entwicklungen der dritten Welt geht, erste Anzeichen für eine solche neue Dichotomie auf dem Erdball. Diese Nord-Süd-Dichotomie könnte aus demographischer Sicht sehr wohl mit beträchtlicher Schwungkraft die Ost-West-Dichtomie der vergangenen Jahrzehnte ablösen«, so der Arbeitsmarktwissenschaftler Dieter Mertens. Die Gegensätze werden deutlich da, wo die beiden Welten aufeinandertreffen, an den Nahtstellen zwischen dem reichen Norden und dem armen Süden – etwa in der mexikanischen Grenzstadt San Ysidro, zwei Autostunden südlich von Los Angeles: Die Konstruktion der Grenzanlagen weckt unwillkürlich Assoziationen an Berlin vor der Öffnung der Mauer – Beton und Stacheldraht. Sprühparolen in allen Farben fordern: »Rompemos la Frontera – reißt die Grenze nieder.« Wer die Grenze von Nord nach Süd überschreitet, sieht sich plötzlich einer erschütternden Armut, dem Ansturm eines Bettlerheeres ausgesetzt. Der durchschnittliche Arbeitslohn in Mexiko beträgt weniger als ein Siebtel des US-amerikanischen Mindestlohns. Das Überschreiten der imaginären Grenzlinie entscheidet über ein Leben, das im wahren Sinne des Wortes ein täglicher Kampf ums Überleben ist – und einem Leben in der amerikanischen und europäischen Luxusgesellschaft. Während beim Überschreiten der Grenze von den USA aus nach Mexiko kein Polizist oder Zöllner den Reisenden bremst, wird in die andere Richtung stundenlang und genau kontrolliert. Denn bereits 6 Millionen illegale mexikanische Einwanderer leben in den USA, und 1 Million kommt jährlich trotz schärfster Kontrollen über die Grenze, überwindet den hohen Metallzaun zwischen der Ersten und der Dritten Welt oder den Rio Grande, versucht den Helikoptern und Patrouillen der US-Grenzbehörden zu entkommen. Man braucht nicht so zu übertreiben wie Martin Neuffer, der die reichen Länder zittern sieht unter dem Ansturm der mit »Hartnäckigkeit« und »Verschlagenheit« ausbrechenden Völker der Dritten Welt. Nach seiner Meinung werden die Industriestaaten »Befestigungsanlagen an ihren Grenzen errichten ... Sie werden Minenfelder legen und Todeszäune und Hundelaufgehege bauen. Die DDR wird endlich eine lukrative Exportindustrie in Grenzabweisungssystemen entwickeln können.«

Es wird wohl anders kommen – der Marsch der Millionen

von Süden nach Norden wird sich leise vollziehen. Sie werden ermuntert werden von Arbeitgebern, die Mitarbeiter in den Fabriken brauchen. Sie werden angefordert werden von den Leitungen der Krankenhäuser und Pflegeheime. Sie werden erwünscht sein in den Altenghettos im Norden, die sich nach dem Lachen und Scherzen junger Menschen sehnen – gleich, welcher Hautfarbe sie sind. Sie werden kommen als Gastarbeiter, Asylbewerber, Touristen, Studenten, als importierte Bräute oder Saisonarbeiter. Einfallstore wird es genug geben, und Anreize, sich auch illegal durch die Grenzbefestigungen zu schmuggeln, wird es ebenfalls genügend geben, solange die Armut für den Süden und der Reichtum für den Norden gepachtet ist.

8. KAPITEL

Chancen und Risiken einer multikulturellen Gesellschaft

> Kein schöner Land in dieser Zeit
> als hier das unsre weit und breit,
> wo wir uns finden
> wohl unter Linden,
> zur Abendzeit.
>
> (Wilhelm von Waldbröl)

Gefahr durch Überfremdung?

»Die Möglichkeit, durch Röntgenaufnahmen das Alter eines Kindes bis auf etwa ein halbes Jahr genau zu bestimmen, sollte verstärkt genutzt werden, um vermutete Manipulationen beim Geburtsdatum nachweisen zu können.« Dieser aberwitzige Vorschlag, wie einreisende Ausländer behandelt werden sollten, stammt nicht etwa von einem Stammtisch deutschtümelnder Schönhuber-Anhänger, sondern findet sich in einer Landtagsdrucksache von Baden-Württemberg, Nr. 8/3206, S. 9. Denn die Volksvertreter im wohlhabenden Bundesland sehen sich bedroht durch allein einreisende Kinder. Während ihre Eltern durch den Visumzwang für die meisten Fluchtländer daran gehindert werden, in die Bundesrepublik zu flüchten, galt dieser Visumzwang für Kinder unter 16 bisher nicht – doch schon 1990 kann sich das ändern. Dutzende Kinder aus Bürgerkriegsländern treffen an manchen Tagen auf dem Frankfurter Rhein-Main-Flughafen ein und müssen dann in Kinderheimen versorgt werden. Asylmißbrauch, ruft da nicht nur der Landtag von Baden-Württemberg und fordert die strenge Röntgenkontrolle, um wenigstens die 17jährigen auszusondern, wenn schon nicht der Visumzwang auch für Kinder eingeführt werden kann. Dagegen argumentieren vor allem die evangelische und katholische Kirche: »Vielfach ist das Schutzbedürfnis unbegleiteter Jugendlicher aus Verfolgungs-, Kriegs- und Spannungsgebieten (z. B. Iran) berechtigt. Wer hätte einer deutschen Mutter einen Vorwurf gemacht, wenn sie ihr Kind aus dem Bombenhagel des Zweiten Weltkriegs in die Obhut der Schweiz gegeben hätte?« fragen die deutschen Bischöfe in einer Denkschrift.

Doch auf diese mahnenden Stimmen wird nicht mehr gehört, seit die Angst vor einer Überfremdung durch »diese menschliche Springflut umgeht« – so der bayerische Innenminister Edmund Stoiber, der immerhin bedauert hat, daß ihm vor Journalisten unbedacht entschlüpft ist, die Bundesrepublik dürfe nicht »durchraßt und durchmischt« werden.

Wilhelm von Waldbröl, von dem Text und Melodie des urdeutsch-romantischen Liedes »Kein schöner Land...« stammen, fände heute keine Gnade – denn schließlich wurde er geboren als Anton Florentino von Zuccalmaglio, Sohn italienischer Einwanderer. Umständliche Einbürgerung brauchte er, 1803 geboren, nicht – er gab sich, wie viele Einwanderer seiner Zeit, einfach selbst einen deutschen Namen. Andere verzichteten darauf – Namen wie Clemens von Brentano, Sohn eines italienischen Kaufmanns (»Des Knaben Wunderhorn«), Adalbert von Chamisso, ein von der Französischen Revolution aus seiner Heimat vertriebener Aristokrat (»Peter Schlemihl«), Theodor Fontane, Nachkomme hugenottischer Einwanderer (»Wanderungen durch die Mark Brandenburg«, »Effi Briest«) zeigen, daß die literarische Seele dieses Landes mitgeprägt ist von seinen Einwanderern oder von denen, die von den ausfransenden Rändern stammen, so Franz Kafka (»Das Schloß«) aus Prag oder Joseph Roth (»Das Spinnennetz«, »Die Kapuzinergruft«), in einem »winzigen Nest in Wolhynien«, am Rande der Donaumonarchie, von einer jüdischen Mutter geboren – so seine Autobiographie.

Bleiben wir bei der Literatur: Die Entstehung der deutschen Kultur durch diesen ständigen Prozeß der Verschmelzung der verschiedenen europäischen Volksgruppen in Deutschland hat keiner so anschaulich zusammengefaßt wie der gesellschaftlich sehr konservative Carl Zuckmayer. In seinem 1945 erschienenen Stück »Des Teufels General« versucht der Fliegergeneral Harras einen jungen Fliegeroffizier über den Wahnwitz des reinen Deutschtums aufzuklären – indem er die typisch deutsche Ahnenreihe durchdekliniert:

»Denken Sie doch – was kann da nicht alles vorgekommen sein in einer alten Familie. Vom Rhein – noch dazu. Vom Rhein. Von der großen Völkermühle. Von der Kelter Europas! Und jetzt stellen Sie sich doch mal Ihre Ahnenreihe vor – seit Christi Geburt. Da war ein römischer Feldhauptmann, ein schwarzer Kerl, braun wie 'ne reife Olive, der hat einem blonden Mädchen Latein beigebracht. Und dann kam ein jüdischer Gewürzhändler in die Familie, das war ein ernster Mensch, der ist noch vor der Heirat Christ geworden und hat die katholische Haustradition begründet. – Und dann kam ein griechischer Arzt dazu, oder ein keltischer Legionär, ein Graubündner Landsknecht, ein schwedischer Reiter, ein Soldat Napoleons, ein desertierter Kosak, ein Schwarzwälder Flözer, ein wandernder Müllerbursch vom Elsaß, ein dicker Schiffer aus Holland, ein Magyar, ein Pandur, ein Offizier aus Wien, ein französischer Schauspieler, ein böhmischer Musikant – das hat alles am Rhein gelebt, gerauft, gesoffen und gesungen und Kinder gezeugt – und – und der Goethe, der kam aus demselben Topf, und der Beethoven, und der Gutenberg, und der Matthias Grünewald, und – ach was, schau im Lexikon nach. Es waren die Besten, mein Lieber! Die Besten der Welt! Und warum? Weil sich die Völker dort vermischt haben. Vermischt – wie die Wasser aus Quellen und Bächen und Flüssen, damit sie zu einem großen, lebendigen Strom zusammenrinnen.«

Die Ströme aus unterschiedlichen Quellen werden sich in den nächsten Jahren verstärken: Im Ernst ist nicht daran zu denken, daß die türkischen Jugendlichen der zweiten und dritten Generation wieder auswandern. Der Ausländeranteil wird weiter zunehmen – schon heute sind in den Hauptschulklassen der Großstädte 40% der Schüler Ausländer. Mit der Vollendung des Binnenmarktes wird es zu einer verstärkten Zuwanderung aus dem europäischen Ausland kommen. Es werden aber nicht nur die unauffälligen Norditaliener oder die zurückhaltenden Portugiesen sein: Der sich in Deutschland verstärkende Facharbeitermangel wird auch die Zuwanderung schwarzer Bürger Großbritanniens, Frankreichs oder Hollands mit sich bringen, die in ihren Heimatländern besonders unter Arbeitslosigkeit leiden und deshalb ein Reservoir an Arbeitseinwanderern darstellen werden. Auch die Deutschen werden noch häufiger ins Ausland reisen: nicht nur als Touristen, sondern auch als Studenten, Facharbeiter, Beamte bei internationalen Organisationen oder als Angestellte international tätiger Unternehmen. Schon jetzt ist eine Internationalisierung des Lebens, der Produkte, des Essens und Trinkens, der Literatur, der Musik und Malerei, Wissenschaft und Forschung, der Mode und des Lebensstils eingetreten, eine Internationalisierung, die ganz selbstverständlich gelebt wird. Bei dieser Wanderung wird es zu unzähligen menschlichen Begegnungen, Bindungen und Verbindungen kommen, es wird eine große europäische Elite heranwachsen, die europäisch denkt und europäisch lebt und für die die bisherigen Grenzen so absurd sind, wie uns heute die Landesgrenzen, sagen wir zwischen Bayern und Hessen oder Nordrhein-Westfalen und Niedersachsen erscheinen. Wenn Besucher aus Norddeutschland über bayerische Schuhplattler staunen wie über die urzeitlichen Rituale der Papua, dann zeigt das, wie absurd das Gerede von einer homogenen deutschen Nation ist.

Gerade Politiker aus Bayern sollten wissen, daß es dort nie eine nationale Homogenität gegeben hat – schließlich vermischten sich, ähnlich bunt wie im Rheinland, die unterschiedlichsten Völker und Stämme: Kelten, Römer und Sueben mit einem aus dem Böhmischen zugewanderten Stamm, der dem Land den Namen gab. Zu den Ahnen gehören Naristen und Varisten, Skiren und Slawen, Heruler und Hunnen. »Und ausgerechnet deren Nachfahren sollten sich vor Vermischung fürchten?« fragt die Journalistin Carola Stern.

Die multikulturelle Gesellschaft ist längst Realität in einem Land wie Deutschland, das in seiner Geschichte immer offen war für die Einwanderung und die Durchwanderung der unterschiedlichsten Völker und Stämme.

Versteckter Rassismus: Die Homogenisierung Deutschlands

Der Ausdifferenzierung der Gesellschaft, der Pluralisierung von Lebensstilen, Werthaltungen und Interessen werden die Internationalisierung und Europäisierung folgen, das Neben- und Miteinander unterschiedlicher Herkünfte und Kulturen. Das ist im übrigen kein deutscher Sonderweg: Er zeigt sich auch am Beispiel der USA. Erst nach dem Zweiten Weltkrieg gelang den Katholiken, Juden und Einwanderern aus Ost- und Südosteuropa der soziale und politische Aufstieg zu vollwertigen Amerikanern, konnte die gesellschaftliche Dominanz der WASPS (White Anglo-Saxian Protestants) überwunden werden. Seit Anfang der 60er Jahre setzte eine neue Masseneinwanderung aus Lateinamerika, Asien und Afrika ein. Prognosen nach werden schon bis zum Jahr 2010 etwa 30% bis 35% aller Amerikaner Angehörige oder Nachkommen der neuen Einwanderer aus Lateinamerika, Asien oder Afrika sein. Anders als das offizielle Deutschland hat die Bevölkerung der USA darauf aber mit einer erstaunlichen Offenheit reagiert – mit dem Ergebnis, daß die brutalen Rassenkrawalle der 60er Jahre sich trotz dieser Herausforderung nicht wiederholt haben. Die USA sind zu einer offeneren und weltbürgerlichen Republik geworden: Außenminister konnte Henry Kissinger werden, ein deutscher Jude aus Fürth in Bayern, der erst mit 16 Jahren in die USA ausgewandert ist. Zum mächtigen Sicherheitsberater des Präsidenten arrivierte der gebürtige Pole Zbigniew Brzezinski, Präsidentschaftskandidat der Demokraten war Michael Dukakis, Grieche der zweiten Generation. Als Bester seines Jahrgangs absolvierte ein mit zwölf Jahren im Südchinesischen Meer aufgefischter Vietnamese die Militärakademie in Anapolis, und Stabschef im Weißen Haus ist der schwarze Offizier Colin Powell, übrigens ein enger Vertrauter des italienisch-stämmigen Verteidigungsministers Frank Carlucci.

In deutsche Köpfe hat diese Entwicklung noch nicht Eingang gefunden – da stemmt man sich noch gegen die multikulturelle Entwicklung, als ob es einen Notausgang aus der Geschichte gäbe. So steht in einem Entwurf des Bonner Innenministeriums aus dem Jahr 1988:

»Die Entscheidung, ob und in welchem Umfang Ausländern der dauernde Aufenthalt im Bundesgebiet ermöglicht werden soll, hängt überdies nicht allein von der faktischen Möglichkeit einer dauerhaften Integration von Ausländern ab. Es geht im Kern nicht um ein ökonomisches Problem, sondern um ein gesellschaftspolitisches Problem und die Frage des Selbstverständnisses der Bundesrepublik Deutschland als eines deutschen Staates. Eine fortlaufende, nur von der jeweiligen Wirtschafts-, Finanz- und Arbeitsmarktlage abhängige Zuwanderung von Ausländern würde die Bundesrepublik Deutschland tiefgreifend verändern. Sie bedeutet den Verzicht auf Homogenität der Gesellschaft, die im wesentlichen durch die Zugehörigkeit zur deutschen Nation bestimmt ist. Die gemeinsame deutsche Geschichte, Tradition, Sprache und Kultur verlöre ihre einigende und prägende Kraft. Die Bundesrepublik Deutschland würde sich nach und nach zu einem multinationalen und multikulturellen Gemeinwesen entwickeln, das auf Dauer mit den entsprechenden Minderheitenproblemen belastet wäre. Schon im Interesse der Bewahrung des inneren Friedens, vornehmlich aber im nationalen Interesse muß einer solchen Entwicklung bereits im Ansatz begegnet werden.«

Ein derartiges Konzept, ausgedacht und formuliert von leitenden Beamten unter wohlwollender Billigung ihres Ministers, muß sich fremdenfeindlich und europafeindlich auswirken. Ethnische und kulturelle Minderheiten werden »vom Ansatz her« abgelehnt, kulturelle Vielfalt wird als Bedrohung empfunden – die eigene Nation wird überhöht, was ihre angebliche Einheit zu gefährden scheint, wird als bedrohlich und subversiv empfunden, denn es könnte den »inneren Frieden gefährden«. Auch wenn es nicht ausgesprochen wird, denn dazu ist man zu vorsichtig: Es ist der alte Rassedünkel. Das »nationale Interesse«, die »Homogenität der Gesellschaft«, die »Zugehörigkeit zur deutschen Nation«, scheinbar harmlose Begriffe als unbestimmbare Tarnbezeichnungen treten an die Stelle des offenen Rassismus – im Ergebnis jedoch läuft es immer auf eins hinaus: Wer anders ist, gehört ferngehalten, ihm muß schon »im Ansatz begegnet« werden. Statt kulturelle Vielfalt als Chance zu begreifen und die Menschen als Begabungspotential, soll Homogenität des Blutes hergestellt werden. Damit aber entstehen neue Konfliktfelder – zunächst der Konflikt zwischen denen, die seit Geburt hier leben, aber nicht Deutsche werden dürfen, und denen, die als Aussiedler alle Rechte aus ihrer »Volkszugehörigkeit« ableiten können. Dazu der Migrationsforscher Bade: »Auf der einen Seite deutschsprachige, in der Bundesrepublik geborene oder doch aufgewachsene ausländische Bindestrich-Deutsche ohne Staatsbürgerrechte – de jure noch immer Fremde mit deutscher Aufenthaltsgenehmigung, de facto schon lange Deutsche mit fremdem Paß. Auf der anderen Seite zunächst mehr oder minder fremdsprachige, den hiesigen Lebensformen sehr fern stehende Aussiedler mit Flüchtlings- oder Bundespersonalausweis. Das könnte, trotz aller Appelle zur Aufnahmebereitschaft gegenüber den Aussiedlern, zu einer ebenso makabren wie mißverständlichen Diskussion um die deutsche ›Identität‹ führen – zu der Frage nämlich, was im Extremfall ein sprachbegabtes, aufrechtgehendes Wesen eher zum ›Deutschen‹ mache: Vertrautheit mit den Lebensformen bis hin zu einwandfreier Sprachkenntnis nach möglicherweise lebenslangem Inlandsaufenthalt oder aber die sprachlose Stimme des Blutes.«

Und ein zweites Konfliktfeld ergibt sich dadurch, daß aufgrund der Nicht- Integration von hier lebenden Gastarbeiterkindern tiefgreifende soziale Probleme entstehen.

Die Gefahr einer neuen Klassengesellschaft: Die Ethclass-society

Stuttgart hat einen Ausländeranteil von über 20%, doch eine Gefahr für das Gemeinwesen seiner Stadt sieht Oberbürgermeister Manfred Rommel in der weiteren Zunahme der ausländischen Stuttgarter nicht – schon weil ohne Zuwanderung in den nächsten Jahrzehnten die Einwohnerzahl von ge-

genwärtig 560 000 auf 280 000 zurückgehen könnte. Gefahren sieht der CDU-Mann dagegen, »wenn ein zu großer Prozentsatz der Bürger und Einwohner einer Stadt mit minderem Recht ausgestattet ist«. Er fordert eine neue »Großzügigkeit«, um jene, »die hier seit Jahrzehnten leben oder hier geboren wurden und in ihrem eigentlichen Vaterland nicht mehr zu Hause sind, hier rechtlich vollwertig anzuerkennen und ihnen natürlich auch das Wahlrecht« zu geben. Dabei sollte die Pflege der alten Wurzeln nicht nur toleriert, sondern auch willkommen sein – »wir sollten uns nicht mehr dem Laster aller Nationalstaaten hingeben und verlangen, daß alle innerhalb einer Generation zu Germanen werden«.

Die Gefahr für die Gesellschaft der Bundesrepublik liegt offen zutage: Die rechtliche und daraus abgeleitet die wirtschaftliche und soziale Diskriminierung von Gastarbeitern, Asylsuchenden und De-facto-Flüchtlingen könnte eine neue Klasse formen – eine neue ethnische Unterschicht von Bürgern minderen Rechts, mit geringem sozialem Status und belastet mit allen Problemen sozialer Randgruppen. Diese neue Klasse als Ausländer zu bezeichnen verbietet sich – sie leben ja schon seit zwei oder gar drei Generationen hier. Doch durch ihre nationale oder ethnische Herkunft werden sie von der Gesellschaft ferngehalten. Die amerikanische Soziologie hat sich intensiv mit diesen Bedingungen auseinandergesetzt und dafür den Begriff der »Ethclass« geprägt, der als »Ethnische Klasse« nur unzureichend ins Deutsche zu übersetzen ist.

Damit ist gemeint, daß sich wirtschaftliche und ethnisch-kulturelle (oder rassische, religiöse, durch die Staatsangehörigkeit bedingte) Ungleichheiten unlösbar miteinander verbinden und so eine neue soziale Gruppe von Unterprivilegierten entsteht, die, wie gesagt, durch ihre ethnischen Merkmale miteinander verbunden sind.

Diese Unterprivilegierung ethnischer Gruppen unterscheidet die neue Klassengesellschaft von einer multikulturellen Gesellschaft, in der einzelne Gruppen gleichberechtigt und damit insgesamt auch wirtschaftlich und sozial auf ähnlichem Niveau nebeneinander und miteinander leben. Der Übergang zu einem Kastensystem ist fließend.

Solche ethnischen Klassen sind mit dem gesellschaftlichen Leitbild der Bundesrepublik nicht vereinbar: Das grundgesetzliche Postulat von der Gleichheit der Lebenschancen ist verletzt, es bilden sich Ghettos und Slumbezirke, in die sich die jeweiligen Gruppen zurückziehen, die sozialen Probleme vererben sich über die Generationen hinweg, weil auch die Kinder der ethnischen Klasse keine Zukunftsperspektive erhalten, und es besteht die ständige Gefahr, daß die sich über Generationen aufstauenden sozialen Spannungen sich in Kriminalität und gewaltsamen Auseinandersetzungen entladen – dann ist der innere Friede ebenso verloren wie der gesellschaftliche Zusammenhalt und Konsens.

Türken als Ethclass in der Bundesrepublik?

Zwar schafft eine beachtliche Zahl türkischer Familien den wirtschaftlichen Aufstieg (vergleiche Kapitel 6). Doch wegen der weiten kulturellen Distanz zwischen der von vielen – nicht nur türkischen – Eltern verteidigten traditionellen Welt der Herkunftsgesellschaft und derjenigen der Aufnahmegesellschaft schaffen viele Kinder den Sprung in die deutsche Gesellschaft, der von Sprache, sozialer Kompetenz, Schulbildung und schließlich beruflicher Qualifizierung bestimmt ist, nicht. Ein gefährlicher Prozeß der Absonderung, Wesensmerkmal der sich bildenden Ethclass, beginnt: beim Wohnen, in der Schule, in den sozialen Beziehungen. Noch haben sich keine rein türkischen Viertel in deutschen Städten gebildet – aber die Anzeichen der Ghettoisierung sind unübersehbar: Wo viele Gastarbeiter und insbesondere Türken wohnen, ziehen Deutsche aus. Um so mehr werden die Ausländerviertel zu Ghettos. Die daraus resultierende »soziale Segregation«, so der Deutsche Städtetag, zerstört »jeden Integrationsansatz«. Denn gerade das Wohnen ist wegen der sich daraus ergebenden sozialen Kontakte und der gesellschaftlichen Vorbildfunktion der Nachbarschaft extrem wichtig. Nach einer Untersuchung des Bundesinstituts für Berufsbildung lebt die Hälfte der ausländischen Jugendlichen in

Häusern mit überwiegend ausländischen Mietern. Die sich bildende soziale Distanz setzt sich im Freizeitbereich fort. Freundschaften und Kontaktmöglichkeiten zwischen Deutschen und Ausländern im privaten Bereich tragen wesentlich zu einem besseren gegenseitigen Verständnis nationaler und kultureller Eigenarten bei; im Kontakt mit den Deutschen können die Ausländer Informationen gewinnen, die sie der deutschen Gesellschaft näherbringen – und die Deutschen können ihrerseits ihren Erfahrungshorizont erweitern. Lediglich ein gutes Drittel der ausländischen Jugendlichen, so die Studie des Berufsbildungsinstituts, trifft sich in der Freizeit auch mit deutschen; in überwiegendem Maße sind ausländische Jugendliche jedoch mit Gleichaltrigen der eigenen Nationalität zusammen. Bei den Erwachsenen sind die Kontakte mit Deutschen noch spärlicher; gerade ausländische Frauen haben wegen ihrer Beschränkung auf die eigene Familie kaum Kontakt zu ihrer Umwelt. Alle diese Effekte sind für Türken besonders ausgeprägt. Die meisten Kontakte mit Deutschen haben spanische und jugoslawische Jugendliche; dies sogar etwas häufiger als mit den eigenen Landsleuten. Die Türken dagegen sind in der Freizeit überwiegend mit Jugendlichen der gleichen Nationalität zusammen.

All diese Faktoren zeigen schon heute gefährliche Folgen, die einer sozialen Integration direkt entgegenwirken. Offenkundige Folge ist das Anwachsen der Kriminalität jugendlicher Ausländer: »Junge Ausländer, die oft schon lange in Deutschland leben, glauben nicht mehr an die Gerechtigkeit dieser Gesellschaft«, konstatiert der Mainzer Soziologe F. Hamburger, der für das Bundeskriminalamt die sozialen Bestimmungskräfte asozialen Verhaltens untersuchte. Hamburger weiter: »Für sie ist Kriminalität eine Form der erfolgreichen Anpassung.« Überrascht darf von dieser Entwicklung niemand sein. Bereits 1979 hatte der frühere Ministerpräsident von Nordrhein-Westfalen, Heinz Kühn, in einer Denkschrift gewarnt, was nicht jetzt für die Ausländerintegration aufgewendet werde, müsse in einigen Jahren »für Polizisten und Resozialisierungsmaßnahmen« um so teurer bereitgestellt werden. Entspannung ist nicht in Sicht – im Gegenteil:

Der bekannte soziale »Assimilationszyklus« und der »Ethnic-Interest-Cycle« werden in der Bundesrepublik erst noch in ihr letztes Stadium eintreten. Nach diesen Zyklen, in denen modellhaft die Integration von Einwanderern beschrieben wird, nimmt die erste Generation von Einwanderern nur wenig Kontakte mit ihrer neuen Gesellschaft auf, die kaum über das für das tägliche Leben unbedingt Notwendige hinausgehen. Ihre Kinder aber sind mit den oben skizzierten Problemen konfrontiert, die sie auf ihre kulturell-ethnische Andersartigkeit zurückführen, so beide Modelle zunächst übereinstimmend. Doch dann kommt es zu einer unterschiedlichen Fortsetzung. Im Modell des Assimilationszyklus schafft es die dritte Generation, sich voll in die Gesellschaft zu integrieren. Im Falle des Ethnic-Interest-Cycle aber erkennt die dritte Generation endgültig, daß sie als Gruppe diskriminiert wird. Sie gibt ihre Integrationsbemühungen auf und reagiert mit einer Rückwendung zur alten Kultur – obwohl die Brücken in das alte Vaterland längst und unwiderruflich abgebrochen sind. Ethnische Konflikte sind dann unausweichlich.

Vieles deutet darauf hin, daß ein zu großer Teil der in Deutschland geborenen zweiten Gastarbeitergeneration unzureichend integriert wird. Noch problematischer ist die Lage von Jugendlichen, deren rechtlicher und sozialer Status noch ungesicherter ist – bei Asylbewerbern und De-facto-Flüchtlingen, denen von der Verfahrenspraxis die Integration ganz bewußt unmöglich gemacht werden soll, um so eine abschreckende Wirkung auf mögliche Flüchtlinge zu erzielen. Die Diskussion um die Staatsbürgerschaft von hier geborenen Ausländerkindern läuft verquer: Noch immer wird die Integration vor der Anerkennung der deutschen Staatsbürgerschaft verlangt – statt zu sehen, daß die Einbürgerung mit der Übernahme der damit verbundenen Rechte und Pflichten die gewollte Integration wesentlich erleichtern könnte. Das derzeitige System bürdet die Last der Integrationsleistung einseitig den Ausländern auf und überfordert sie – mit möglicherweise katastrophalen Folgen für beide Teile.

Anzeichen für den Beginn eines verhängnisvollen Ethnic-Interest-Cycle gibt es: Die jungen Türken der zweiten Generation, die in Deutschland geboren wurden oder als Kleinkinder nach Deutschland kamen, leben vielfach in einer dauernden Identitätskrise. »Sie leben nicht, wie ihre Eltern, mit dem Traum, eines Tages zurückzukehren«, schreibt der »Stern« und zitiert den türkischen Berliner Musa: »Wenn ich in die Türkei fahre, kriege ich Magenschmerzen, schon vom Essen. In meinem Paß steht Türke, aber ich bin Berliner.« Die steigende Ausländerfeindlichkeit beginnt die Ausländer der zweiten Generation in einen neuen Nationalismus zu zwängen: Aus Angst vor Anfeindungen werden die spärlichen Kontakte zur deutschen Umwelt weiter reduziert. Türkische Jugendliche beginnen sich in Straßenbanden zusammenzuschließen, schon aus Angst vor Angriffen von Skinheads. Selbst wer wie Musa nurmehr wenig mit der Heimat der Eltern anfangen kann, beginnt plötzlich Stolz auf die türkische Herkunft zu entwickeln: Die ethnische Zugehörigkeit vermittelt Geborgenheit, Schutz, Identität und Stolz. Türkische Jugendliche organisierten am 20. April 1989, Hitlers 100. Geburtstag, Notrufketten per Telefon und sicherten Moscheen vor Übergriffen durch Rechtsradikale, die für den symbolträchtigen Tag Übergriffe auf »die Kanaken« angekündigt hatten.

Sprüche von der angeblichen Homogenität der deutschen Bevölkerung, wie sie von vielen Politikern benutzt werden, vertiefen die Kluft nur – denn dadurch werden Türken von vornherein ausgegrenzt. Es hilft nichts, von jungen Türken verstärkte Integrationsleistungen gewissermaßen als Vorleistung für rechtliche Integration einzufordern: Das heißt für sie nur, sich aus der Geborgenheit der eigenen ethnischen Gruppe zu lösen – und trotz des deutschen Passes weiterhin offener oder verdeckter Feindschaft ausgesetzt zu sein.

Aussiedler – die Türken von morgen?

Die Schwierigkeiten junger Deutscher türkischer Herkunft könnten sich im nächsten Jahrzehnt wiederholen – bei den Kindern von Aussiedlern aus Polen und der Sowjetunion.

Denn auch ihre Eltern kommen aus einer buchstäblich anderen Welt in die Bundesrepublik: Besonders für die Deutschen aus der Sowjetunion ist Deutschland jahrzehntelang ein Traumland gewesen. Sie lebten häufig in einer agrarisch orientierten, abgeschlossenen Welt, weit weg von der schnelllebigen, konsumorientierten Bundesrepublik. Ihr religiös geprägtes, noch fest an Familie und Traditionen gebundenes Leben wirkt archaisch in einer individualisierten Leistungsgesellschaft. Die deutsche Sprache wird häufig gar nicht oder nur unzureichend beherrscht – trotz eines flammenden deutsch-nationalen Gefühls. Enttäuschungen sind programmiert – auch und gerade im beruflichen Bereich: Beruflich sind diese Menschen nur schwer zu integrieren, so das Bundesinstitut für Berufsbildung in einem Bericht an den deutschen Bundestag, nicht zuletzt wegen der Sprachschwierigkeiten. Aus- und Übersiedler, die aus planwirtschaftlichen Organisationen und Verwaltungen kommen, verfügten in der Regel nur in geringem Maß über Eigeninitiative im Beruf. Durchsetzungsvermögen, Eigeninitiative und Selbstbewußtsein müssen erst vermittelt werden, ehe an einen Erfolg im Berufsleben zu denken sei. Doch die Sprachförderung als wesentliche Integrationshilfe wird eher abgebaut als ausgedehnt. Der Problemhorizont Ethclass baut sich schnell auf und droht sich auf die nachwachsende Generation fortzupflanzen; denn verschärft und weitergegeben wird das Integrationsproblem auch durch regionale Schwerpunktansiedlungen oder Sprachghettos: Allein Dortmund beispielsweise hat mehr Aussiedler aufgenommen als Rheinland-Pfalz und das Saarland. In den Ghettos aber wird sich der Ethnic-Interest-Cycle unter Aussiedlern wiederholen, wie er für die bereits seit längerem hier lebenden Türken im vorherigen Abschnitt beschrieben wurde. Weniger schwer werden es die Kinder von DDR-Übersiedlern haben – schon weil hier keinerlei Sprachprobleme bestehen. Auch hier werden vom einzelnen hohe Anpassungsleistungen gefordert, insbesondere von Kindern, die von einem Gesellschaftssystem in ein anderes geworfen werden.

Ihre klare Rechtsstellung, verglichen mit der junger Türken, erleichtert die Integration – aber umgekehrt ist es mit der Ausgabe eines deutschen Passes allein nicht getan: Auch hier zeigt sich, wie schädlich die Unsinns-Behauptung ist: »Deutschland ist kein Einwanderungsland«. Denn sozial und wirtschaftlich sind auch die Aussiedler Einwanderer, und sie brauchen Unterstützung und Hilfe, um diese Situation zu bewältigen. Das Gerede von der »nationalen Homogenität« verdeckt, daß es eben nicht eine homogene Nation gibt, sondern daß auch diese Zuwanderer Beistand bei ihrer Integration brauchen.

Ausländer in den Neuen Bundesländern

Seit der Wende in der früheren DDR leben Ausländer dort nicht mehr sicher:

»Fidschis klatschen«, so die menschenverachtende Sprache, also Menschen dunklerer Hautfarbe anzupöbeln, niederzuschlagen oder wie in Dresden geschehen, zu erschlagen, das geschieht tagtäglich in den neuen Ländern. Johlende Menschen, die zusahen und klatschten, als Rechtsradikale versuchten, das Asylbewerberheim in Hoyerswerda zu stürmen und zu zerstören, Beifall aus der Bevölkerung und »gewisses Verständnis« sogar vom Innenminister des Landes Mecklenburg-Vorpommern für den Brandanschlag auf das Wohnheim in Lichtenhagen bei Rostock und in der Folgezeit wochenlang täglich lange Listen von angegriffenen Wohnheimen – eine Woge gemeinster Ausländerfeindlichkeit peitscht durch die Neuen Länder, aber auch durch die westlichen Altbundesländer.

Die Anschläge und der Beifall der Zuschauer hat etwas selbstzerstörerisches: Gerade in jenen Tagen verhandelte die Treuhandanstalt täglich mit potentiellen ausländischen Investoren über Neuansiedlungen, Betriebsübernahmen und Investitionen. Prominentestes Beispiel: Der koreanische Unterhaltungselektronik-Riese Samsung kaufte Ostdeutschlands Fernsehröhrenwerk und sicherte damit tausende Arbeitsplätze in diesem

Betrieb und der Zulieferindustrie. Doch ausländische Investoren werden durch die Gewalttaten abgeschreckt:

Fast zwei Drittel der ostdeutschen Unternehmer fürchten, daß die Gewalttätigkeiten gegen Asylsuchende negative Auswirkungen auf das Verhalten von Investoren zeitigen werden, so eine Umfrage von Forsa im September 1992, dringend notwendige Arbeitsplätze werden nicht geschaffen, weil ausländische Firmen um das Wohl ihrer Mitarbeiter fürchten müssen. 16 % der Befragten antworteten: »Ein Neuengagement wird verhindert«, 25 % sahen bereits geplante Investitionen »gefährdet« und 26 % sahen »Rückzugsüberlegungen« bei Investoren voraus.

Und der Präsident des Deutschen Industrie- und Handelstages, Stihl, verweist darauf, daß Ausländerfeindlichkeit Arbeitsplätze kosten kann – Millionen von Stellen in der Bundesrepublik sind vom Export abhängig, und der lebt von einem positiven Deutschlandbild im Ausland.

Worin liegen die Ursachen für die Ausländerfeindlichkeiten in der früheren DDR? Was ist dagegen zu tun?

Zunächst – es gab kaum Ausländer in der DDR. Ab Mitte der 80er Jahre wurden erstmals in nennenswerter Zahl per Regierungsabkommen Gastarbeiter aus befreundeten sozialistischen Ländern geholt. Im Jahr der Wende lebten 190 000 Ausländer in der DDR – gemessen an der Gesamtbevölkerung gerade ¼ oder ⅕ der westdeutschen Ausländerzahl (vergleiche Tabelle S. 18). Zudem lebten sie meist abgeschieden, häufig kaserniert und ohne Familienmitglieder, zwei Drittel eingebunden in Schichtarbeit bei den großen Kombinaten der Textilindustrie, im Fahrzeugbau oder in der Chemiefaser- und Reifenproduktion. Sie waren auf Arbeitsplätzen tätig, die den Deutschen zu schmutzig oder zu anstrengend erschienen und lebten fast ghettoartig in Wohnheimen – auf fünf Quadratmeter pro Person.

Trotz offizieller Bekundungen zur Völkerfreundschaft und internationalen Solidarität – die Lebensbedingungen waren vielfach entwürdigend:

Frauen, die schwanger wurden und sich weigerten abzutreiben, wurden sofort heimgeschickt: »Vietnamesische Frauen, die die Möglichkeit der Schwangerschaftsverhütung bzw. -unterbrechung nicht wahrnehmen, treten ... die vorzeitige Heimreise an«, so das Abkommen zwischen Hanoi und Ost-Berlin 1987.

Die Ausländerfeindlichkeit war auch während des SED-Regimes vorhanden und entlud sich durch tägliche Schikane. Das war auch Folge der geringen Vorbereitung der Bevölkerung: So wurden 1987/88 in kurzer Zeit 60 000 Vietnamesen eingeflogen.

Zwar erhielten Ausländer im Februar 1989 überraschend das kommunale Wahlrecht, doch an der ablehnenden und diskriminierenden Grundhaltung änderte dieser Propagandacoup wenig. Er sollte vor dem Hintergrund der Debatte um das Ausländerrecht in der BRD die fortschrittliche Einstellung der DDR zeigen. Die freigewählte Volkskammer bestätigte das Wahlrecht, und so ist der 6. Mai 1990 ein historisches Datum: Erstmals wählten Ausländer bei einer demokratischen Wahl in Deutschland. Aktives und passives Wahlrecht hatten etwa 40 000 Ausländer in der noch existierenden DDR. Gewählt wurde beispielsweise in Leipzig der Russe Vladimir Denisov – über einen Listenplatz der SPD und, wie er selbst sagt, mit Stimmen »mehr von DDR-Bürgern« als von Ausländern.

Eine Handvoll ausländischer Abgeordneter wie er zogen daraufhin in die Gemeinde- und Stadtparlamente ein und beteiligten sich an der demokratischen Umgestaltung der DDR bis zum Tag der Wiedervereinigung. Die Bundesrepublik-West könnte daraus lernen: Während die CDU/CSU Bundestagsfraktion vor dem Bundesverfassungsgericht gegen das Ausländerwahlrecht klagte, praktizierten Kubaner, Vietnamesen und Angolaner kommunale Verantwortung in einer extrem schwierigen Zeit, und trugen dazu bei, daß die Wiedervereinigung vorankam. Mit dem Einigungsvertrag, der das westdeutsche Wahlrecht überstülpte und dem Beitritt der neuen Länder zur Bundesrepublik am 3. Oktober 1990 endete auch diese kurze Phase des Ausländerwahlrechts in Deutschland.

Noch während der Regierung de Maizière wurden die bestehenden Regierungsabkommen gekündigt und die Gastarbeiter aus Vietnam und Angola in ihre Heimatländer zurückgeflogen. Es war, vor dem Hintergrund der steigenden Arbeitslosigkeit in den neuen Ländern, vielleicht verständlich – aber politisch das falsche Signal: Deutschland nur den Deutschen, lautete es, und unter der Wiedervereinigung leiden diejenigen, die es am wenigsten verdient haben.

Zu diesem Zeitpunkt aber hatte sich die offene Ausländerfeindlichkeit längst Bahn gebrochen.

Ausländer gab es in der DDR nicht als Nachbarn, Vereinskollegen – allenfalls gelegentlich am Arbeitsplatz. Lebten Ausländer mit Deutschen zusammen, kam es häufig zu Spannungen, weil die Versorgung nicht klappte: So beschwerten sich Bürger in Marzahn, weil ihnen Ausländer in der Kaufhalle den Reis und andere Kolonialwaren wegkauften – Versorgungsengpässe förderten nicht die offiziell beschworene Völkerfreundschaft.

Reisen ins Ausland waren nur in Ostblockländer möglich. »Wir lebten zutiefst provinziell: mit einer Führung, die uns diese Provinz als Nabel der Welt verkaufte. Immer die Zweiten, die Zurückgesetzten, die Ein- und Angepaßten«, so die Journalistin Brigitte Kirilov. »Viele erlebten in ihrem Alltag keine Ausländer, in ganzen Landstrichen waren sie ja tatsächlich nicht vorhanden.« Ohnehin sah die SED-Führung in jedem nicht-genehmigten Kontakt mit Ausländern ein Sicherheitsrisiko, das es möglichst zu vermeiden galt. Die DDR als ausländerfreie Zone – das bedeutet, daß die langsame Gewöhnung an neue Mitbürger fehlt. Dieser Lernprozeß aber läuft im Westen seit Jahrzehnten.

Mit dem Fall der Mauer änderte sich das über Nacht. Ausländer gehören zum Alltagsbild Westdeutschlands. Verblüffung in Elstal, 10 km östlich von Berlin-Staaken, als der türkische Unternehmer Hatem Duman einen Betrieb des Fleischkombinats Potsdam übernimmt – Verblüffung und Ablehnung. Verzögerung selbst bei den Behörden für notwendige Genehmigungen, obwohl Duman Arbeitsplätze sichert und neue schafft.

Die Öffnung der Grenzen nach Osten brachte zudem unmittelbar polnische und rumänische Einreisende. Stur nach Quote begannen sehr bald die westdeutschen Bundesländer, Asylbewerberkonvois in den Osten zu lenken. Vor dem Hintergrund wachsender Arbeitslosigkeit bleibt eines – das Gefühl, »immer die Zweiten, die Zurückgesetzten« zu sein.

Während sich für viele ehemalige DDR-Bürger die Hoffnung auf ein schnelles Wirtschaftswunder zunächst in Arbeitslosigkeit erfüllt, stellen sie fest, daß Ausländer im Westen in der sozialen Hierarchie nicht immer ganz unten stecken: Längst ist ja Deutschland keine Klassengesellschaft mehr, die den sozialen Aufstieg verhindert. Vielmehr kommt es zu einem Wettbewerb um soziale Positionen – es konkurrieren eine wachsende Zahl junger, gut ausgebildeter, hier auch geborener und aufstiegsorientierter ausländischer Mitbürger mit ostdeutschen Bürgern um die knappen Plätze des gesellschaftlichen Aufstiegs. Diese Konkurrenzsituation zeigte sich unmittelbar nach der Maueröffnung in der Schlange vor einem Berliner Obsthändler: Ostdeutsche rempelten Ausländer aus der Schlange mit der Bemerkung: »Jetzt sind wir dran.«

Enttäuschung und Minderwertigkeitsgefühle werden durch Aggression und Überheblichkeit kompensiert. Die Ausländerwohnheime sind eher durch Zufall Orte, an denen sich Haß und Wut entladen – in der ungewissen sozialen Situation für viele Bürger könnte es auch ein beliebiger anderer Kristallisationspunkt sein. Aufgeheizt wird diese Situation durch reisende Rechtsradikale aus dem Westen, die den rechtsfreien Raum im Osten für ihre Aktionen nutzen: Ob in Rostock oder Quedlinburg, es dauert Stunden, bis sich die verunsicherte Polizei dazu bequemt, gegen die Randalierer vorzugehen. Nur durch ein Wunder können in Rostock 100 Vietnamesen und ein Kamerateam des ZDF durch eine Dachluke den Flammen entkommen.

Maßnahmen gegen diese Ausländerfeindlichkeit sind nicht einfach: Falsch aber ist in jedem Fall, wenn verantwortliche Politiker wie Seite ein »gewisses Verständnis« für die Vorfälle äußern, und wenn Politiker in Ost und West dem Aufmarsch der Chaoten dadurch nachgeben, daß sie just diese Vorfälle zum Anlaß für das Aushebeln des Asylrechts im Grundgesetz nehmen. Da werden Opfer und Täter verwechselt!

Besser wäre ein geduldiger Erklärungsprozeß, der ein Aneinandergewöhnen von Einheimischen und Zuwanderern ermöglicht. Wenig hilfreich ist die Arroganz mit der Westdeutsche auf die neuen Bundesbürger herabblicken: Wer ohne massive soziale Probleme lebt und seit 20 Jahren reisen kann, wohin er will und den täglichen Umgang mit Zuzüglern praktiziert, hat nicht das Recht, von oben herab Lehren zu erteilen.

Thesen für eine deutsche Ausländerpolitik

Hätte man ihn zum Beispiel gefragt – aber wem wäre eine so sinnlose Frage eingefallen? –, welcher »Nation« oder welchem Volke er sich zugehörig fühle: der Graf wäre ziemlich verständnislos, sogar verblüfft vor dem Frager geblieben und wahrscheinlich auch gelangweilt und etwas indigniert. Nach welchen Anzeichen auch hätte er seine Zugehörigkeit zu dieser oder jener Nation bestimmen sollen? – Er sprach fast alle europäischen Sprachen gleich gut, er war fast in allen europäischen Ländern heimisch, seine Freunde und Verwandten lebten verstreut in der weiten und bunten Welt.

(Joseph Roth, »Die Büste des Kaisers«)

1. Der deutsche Nationalismus und Rassismus darf nicht wiederaufleben!

Der neue deutsche Nationalismus kommt getarnt daher – von der »Homogenität der deutschen Bevölkerung« ist da die Rede, die durch Zuwanderer nicht in Frage gestellt werden dürfe, und von »Rassenkonflikten«, die unvermeidlich die Folge der Inhomogenität seien. Wirksam ist der alte deutsche Rassismus noch in der Gesetzgebung: »Volkszugehörigen«, was immer sich dahinter verbirgt, wird die Einbürgerung als Rechtsanspruch präsentiert – hier schon seit zwei oder drei Generationen lebenden Einheimischen die Einbürgerung erheblich erschwert. Ein Skandal ist, daß die Bestimmung der Volkszugehörigkeit auf die bürokratischen Überreste des Nationalsozialismus zurückgreift.

Unverständlich ist, wieso gerade diese besonders bornierte Art des rassischen Nationalismus sich in Deutschland breitmachen kann – schließlich war und ist Deutschland ein Durchzugsland vieler Völker und Menschen unterschiedlichster Herkunft. In der Europäischen Gemeinschaft stört diese deutsche Engstirnigkeit – schließlich ist die Herstellung der Freizügigkeit für alle EG-Bürger, also das ungehinderte Überqueren der Grenzen und die Freiheit, sich dort niederzulassen, wo man will, erklärtes politisches Ziel.

Schon das Europa des Mittelalters war ein einheitlicher kultureller Raum: Baumeister, Gelehrte und Mönche verbreiteten Erkenntnisse, Ansichten und Einsichten binnen weniger Jahre von Flandern bis Spanien, von Portugal über das Roussillon nach Köln und Gent. Sehen und nachvollziehen läßt sich das heute noch – innerhalb weniger Jahrzehnte wurden fast überall in Europa romanische Kathedralen gebaut. Der Austausch der Baukunst war nicht aufgrund von Literatur möglich, sondern nur durch die Wanderung der Meister und Gesellen über die Grenzen hinweg. Diese »Großräumigkeit« wurde vom Nationalismus zerschlagen.

Heute sind wir dabei, in Europa die Stücke wieder zusammenzusetzen – nicht nur in der Europäischen Gemeinschaft, in der sich ja nur westeuropäische Staaten zusammengefunden haben, sondern auch über die bisherigen Ost-West-Grenzen hinweg, eine Entwicklung, der jedoch immer noch kleinkariertes Nationaldenken entgegensteht. Nach den bestehenden Europaverträgen haben die Mitgliedstaaten keine Souveränität mehr, einem EG-Bürger die Freizügigkeit zu versagen. Diese Freiheit, sich dahin zu begeben, wohin man will, kommt auch den Deutschen zugute, die sich frei in elf anderen Staaten bewegen dürfen. Das Bewußtsein der Bevölkerung hinkt dieser rechtlichen Entwicklung weit hinterher. Hier muß sich das Bewußtsein tiefgreifend ändern.

2. Wir müssen zu einem humanen Sprachgebrauch finden!

Die notwendige Bewußtseinsänderung beginnt beim Sprachgebrauch. Politiker und Medien müssen zu einer nüchternen Sprache finden, die klarmacht, daß man von Menschen redet – nicht von den Elementen einer Naturkatastrophe: Begriffe wie »Asylantenflut«, »Strom«, »Überschwemmung« und Überschriften selbst in sonst seriösen Zeitungen wie der »Frankfurter Allgemeinen Zeitung«: »Dämme gegen Asylanten-Springflut« verstellen den Blick darauf, daß es sich hier um Menschen handelt und daß Fremde dieselbe personale Würde wie Einheimische haben. Gleichzeitig werden bei den Einheimischen durch sprachliche Übertreibungen und Panik Ängste geschürt, die in keinem Verhältnis zu den tatsächlichen Zahlen stehen, werden durch die emotionalisierte Sprache Fremdenangst und Aggression angeheizt, die die Politik in einen Teufelskreis zwingen: Durch die Sprache der Politik und Medien wird künstlich ein Problemdruck erzeugt, den eine auch nur halbwegs vernünftige Politik nicht beseitigen kann. Die so entstehende Ausländerfeindlichkeit ist wiederum Hauptmotor für den Erfolg rechtsradikaler Parteien, die sich nur des Vokabulars bedienen, das auch bürgerliche und sozialdemokratische Politiker und Journalisten verwenden. Dieser Erfolg der Rechtsradikalen verführt nun gerade konservative Politiker dazu, noch dümmlicher und radikaler aufzutreten, um den rechten Rand des Wählerspektrums wieder an sich zu binden – dabei hat man den Aufstieg der Gestrigen selbst provoziert.

Schon der Begriff »Asylant« ist diskriminierend und abwertend – er folgte auf den »Sympathisanten«, den heimlichen Terroristenfreund. Mit der Sprache aber wird Wirklichkeit gestaltet: »Der Flüchtling stellt wie das weihnachtliche Paar in der Bibel eine moralische und soziale Aufgabe dar, der ›Asylant‹ bedeutet … nurmehr eine ›unzumutbare‹ bzw. ›nicht mehr verkraftbare Belastung‹« (Jürgen Link). Die Verengung des Begriffs »Flüchtling« auf Deutsche aus der DDR ist heute überhaupt nicht mehr zulässig – auch Menschen aus anderen

Ländern, die verfolgt sind von Not, Krieg, Folter und Hunger, sind Flüchtlinge, die der Anteilnahme bedürfen.

Ähnlich irreführend ist das Wort vom Gastarbeiter – Gäste reisen irgendwann wieder ab, und wenn nicht freiwillig, so kann man ihnen die Abreise doch nahelegen; zudem müssen sie dem Gastgeber dankbar sein für die gewährte Gastfreundschaft. Doch wer Jahrzehnte hier lebt – und erst recht seine Kinder und Kindeskinder –, ist sicherlich kein lästiger Gast, sondern Einheimischer. Das bringt unsere Sprache nicht zum Ausdruck.

3. Die Einbürgerung muß erleichtert werden!

Die Bundesrepublik wird ihr Einbürgerungsrecht radikal ändern müssen. Derzeit orientiert es sich in der Folge des rassischen Nationalismus an der Bluts- oder Volkszugehörigkeit. Anders die USA oder die meisten europäischen Staaten: Wer in den USA geboren ist, ist US-Staatsbürger bzw. kann später zwischen der amerikanischen Staatsbürgerschaft und der seiner Eltern entscheiden. Dieses Prinzip würde für die rund 700 000 in der Bundesrepublik geborenen Ausländerkinder jene schwierige Identitätskrise mildern helfen, die entsteht, wenn Wohn-Heimat und Paß-Heimat auseinanderfallen: »Ich bin Berliner, aber in meinem Paß steht, ich bin Türke.« Ohne Brüche geht dieser Übergang ohnehin nicht: Die Staatsangehörigkeit ist nicht ein Mantel, den man beliebig an- und auszieht. Eine Umfrage des Bonner Innenministeriums dokumentiert dies: Nur 16% der befragten erwachsenen Ausländer sind an einer Einbürgerung »sehr interessiert« – die jüngeren Ausländer hingegen wollen zu 60% eingebürgert werden. Bei den hier geborenen und aufgewachsenen dürfte dieser Anteil noch höher sein. Noch einmal die Ausländerbeauftragte in einem Rechtsvergleich: »Der Vergleich zeigt, daß in der Bundesrepublik Deutschland die Einbürgerungsvoraussetzungen schwerer zu erfüllen sind als in den meisten anderen verglichenen Ländern. Insbesondere fehlen Erleichterungen für in der Bundesrepublik aufgewachsene ausländische Jugendliche.« Nur komisch ist es, wenn Innenminister Wolfgang Schäuble in einem Interview dieses Territorialprinzip mit der Begründung ablehnt, ein in Frankreich geborenes Kind deutscher Eltern müßte dann möglicherweise den Wehrdienst in der französischen Armee leisten: Diese Sorge kann er getrost den Betroffenen überlassen – im übrigen ist sie nicht real.

Großzügiger sollte auch bei der Vergabe einer Doppelstaatsbürgerschaft vorgegangen werden. Wer beispielsweise die türkische Staatsbürgerschaft aufgibt, um die deutsche anzunehmen, riskiert den Verlust bestimmter Rechte in der Türkei, etwa im Erbfall. Dies – zusammen mit nostalgischen Heimatgefühlen – verhindert die Bereitschaft, die Staatsbürgerschaft des neuen Lebensmittelpunktes anzunehmen. Die Loslösung von der Heimat der Eltern sollte das deutsche Staatsbürgerrecht jedoch erleichtern und nicht erschweren. Schließlich besteht eine Verantwortung der Deutschen gegenüber Kindern und Kindeskindern von Ausländern, die durch ihren Aufenthalt in der Bundesrepublik zu Einheimischen geworden sind: Sie sind oft dem Herkunftsland ihrer Eltern entfremdet. Eine offene, selbstbewußte und freiheitlich orientierte Gesellschaft müßte auch in der Lage sein, ein derartiges Einbürgerungsangebot als Chance und nicht als Bedrohung zu begreifen. Und: Die großzügige Einbürgerungsregelung des Grundgesetzes nach dem Zweiten Weltkrieg hat vorgeführt, daß dies nicht zum Schaden, sondern zum Vorteil des Landes möglich ist. Wir sollten diesem Beispiel zeitgerecht folgen und der neuen Einwanderergeneration endlich aufnahmebereit gegenübertreten.

4. Deutschland *war* und *ist* Einwanderungsland!

Gebetsmühlenhaft wird wiederholt, die Bundesrepublik sei »kein Einwanderungsland«. Genau das Gegenteil ist wahr: Seit Ende des vergangenen Jahrhunderts ist Deutschland zu einem der größten Einwanderungsländer der Welt geworden: Ob es sich um den Zustrom von ausländischen »Wanderarbeitern« im Kaiserreich und in der Weimarer Republik handelt, um Deportation und Zwangsarbeit im Dritten Reich, um den Zustrom von Flüchtlingen und Heimatvertriebenen nach dem Zweiten Weltkrieg und schließlich um Gastarbeiter, Aussiedler und Asylbewerber – faktisch ist Deutschland längst ein Einwanderungsland, allerdings eines, das diese Tatsache nicht wahrhaben will. Schwerer als Länder wie Schweden, Frankreich oder die USA tut sich Deutschland von jeher damit, der Arbeit für das Einwanderungsland auch Staatsbürgerrechte nachfolgen zu lassen: Der ebenso erfolgreiche wie lächerlich-absurde Widerstand der Union gegen ein bescheidenes Wahlrecht von Ausländern auf Gegenseitigkeit in den Gemeinden und Stadtparlamenten zeigt dies. Die Entwicklung des Rechts, das öffentliche Bewußtsein und die tatsächliche Lage fallen immer weiter auseinander. Eine stillschweigende, gleitende Lösung des Problems ist nicht in Sicht – im Gegenteil: Es gibt keine rechtspolitische Entwicklung, die der Einwanderung Rechnung trägt – doch die Einwandererzahlen steigen an, und die bereits vor Jahrzehnten Eingewanderten sind längst Einheimische geworden. Damit verschärft sich die Lage: Politiker wiederholen ständig die alte Leier: »... kein Einwanderungsland« und werden von der alltäglichen Lebenserfahrung unaufhörlich widerlegt: Weder der türkische Gemüsemann von nebenan noch der italienische Eisdielenbesitzer (übrigens: von 4 700 Eisdielen gehören 4 000 Italienern – Deutschland im Sommer ohne Italiener wäre eine Qual!) noch die jugoslawische Kollegin am Arbeitsplatz, die spanischen Klassenkameraden oder die iranischen Studenten werden wieder zurückwandern. Sie alle sind auf Dauer hier. Und diese Einwanderung ist auch nicht umkehrbar – kein ernsthafter Politiker glaubt dies, so viel Einsicht ist in der Regel vorhanden. Aber dieses Auseinanderfallen von Rhetorik und Tatsachen löst keins der Probleme, sondern schafft bei den Wählern und Bürgern Unsicherheit, Unzufriedenheit und Verärgerung.

Ein Grund für das gute Abschneiden offen ausländerfeindlicher Gruppierungen bei verschiedenen Wahlen ist auch: Die offizielle Politik weigert sich, die Tatsache der Einwanderung zur Kenntnis zu nehmen und die damit verursachten Probleme angemessen zu lösen. Nur eine realistische Sicht der Dinge jedoch kann zu einer angemessenen Problemlösung führen – und die realistische Sicht ist, die Einwanderung zu akzeptieren und zu gestalten.

Denn klar ist auch: Die Bundesrepublik steht Anfang der 90er Jahre vor einer neuen Einwanderungswelle. Durch den europäischen Binnenmarkt werden die Grenzen zu den westeuropäischen Nachbarn noch durchlässiger; das Aufbrechen der Blockgrenzen zwischen Ost und West zieht Menschen aus Osteuropa an; ein Ende der weltweiten Flüchtlingsbewegungen ist nicht in Sicht, im Gegenteil. Und die Wirtschaft der Bundesrepublik wird, verglichen mit der östlicher Nachbarstaaten, immer stärker und noch leistungsfähiger. Sie wird zum Job-Motor in Mitteleuropa und wird schon von daher ständig neue Wellen von Arbeitsimmigranten anziehen. Die großen Bevölkerungsbewegungen, die es immer schon gegeben hat und die sich im Weltmaßstab verstärken werden, sind nicht zu verhindern. Sie sind bestenfalls zu kanalisieren und in ihren Folgen zu gestalten. Das muß die Politik zur Kenntnis nehmen und umsetzen.

5. Die Einwanderung muß gesteuert werden!

Daß man sich gegen diese Erkenntnis wehrte, hat zu absurden Widersprüchen geführt: Seit 1972 gibt es die unterschiedlichsten Programme zur Förderung der Rückkehr von Gastarbeitern in ihre Heimatstaaten. Im gleichen Zeitraum werden Milliardenbeträge ausgegeben, um Aussiedler aus dem europäischen Osten freizukaufen oder durch großzügige Sozialleistungen und Einbürgerungsversprechen anzulocken. Eine grundgesetzliche Verpflichtung dazu gibt es nicht, sondern nur eine juristisch waghalsige Konstruktion einfacher und fragwürdiger Gesetze ermöglicht diese Politik. Hier sollen nicht Aussiedler und Übersiedler gegen Ausländer ausgespielt werden. Aber daß man Einwanderung und Auswanderung gleichzeitig fördert, ist nicht zu verstehen. Die tollkühnsten Argumentationskapriolen schlägt die Bundesregierung jedoch, wenn sie den wirtschaftlichen Vorteil einer Einwanderung durch Aussiedler nachweist und gleichzeitig mit Steuergeldern und Rückkehrprämien von Türken besetzte Arbeitsplätze für deutsche Arbeitslose freikaufen will. Hier bereits wohnenden Ausländern wird die Einbürgerung oder der Nachzug eines Familienmitglieds verweigert, weil die Wohnung zu klein ist. Auf den gleichen Wohnungsmarkt werden Aussiedler gelockt, als ob sie ihren Wohnraum im Gepäck mitbrächten. Wer wie immer mehr junge Ausländer hier in der dritten Generation wohnt, wird mit dem »Ausländerrecht« behandelt – wer aus dem Osten einwandert und völlig fremd ist, erhält sofort alle Staatsbürgerrechte.

Einwanderung kann auch gesteuert werden – etwa durch die Vergabe von Quoten und durch die Beschreibung von Anforderungen an Einwanderer. Das ist ein ganz selbstverständliches Instrument, dessen sich auch andere Einwanderungsländer bedienen. Nicht willkürliche Einwanderung, sondern Einwanderung im Interesse des Einwanderungslandes, nach dieser Maxime muß sich eine vernünftige Einwanderungspolitik richten. Sie gibt auch Deutschen aus Osteuropa eine Chance, wenn auch vielleicht nach einer Wartefrist oder dem Nachweis einer beruflichen und sprachlichen Qualifikation. Für alle aber gilt: Großzügigkeit als Grundprinzip!

6. Ausländer müssen als Einheimische anerkannt werden!

In einer Stadt wie Stuttgart ist rund ein Drittel der unter 16jährigen Bürger minderen Rechts – Ausländer, auch wenn sie hier geboren sind, aufgewachsen und sozial tief verwurzelt. Um die fatale Entwicklung einer »Ethclass« zu verhindern, muß die Bundesrepublik Deutschland weitgehende Integrationsanstrengungen unternehmen, und zwar sowohl auf rechtlichem wie auf wirtschaftlichem und sozialem Gebiet. Das betrifft nicht nur die ehemaligen Gastarbeiter, sondern insbesondere die De-facto-Flüchtlinge und Asylbewerber. Es kann nicht sein, daß, wer sein Leben hier verbringt, ständig mit dem Ausländerrecht gemaßregelt wird und daß, während die Wirtschaft nach Arbeitskräften sucht, wie die Stellenangebote in Aussiedler- und Übersiedlerlagern beweisen, Hunderttausende von Flüchtlingen mit einem Arbeitsverbot belegt sind: Menschen in ihren besten Jahren, motiviert und leistungsfähig, werden zum Ärger und zur Erregung ihrer deutschen Nachbarn auf bloße Hilfsempfänger reduziert.

Ein wichtiger Aspekt ist dabei, daß die Rechte ausländischer Familien auf Eigenverantwortung und Zusammenleben anerkannt werden müssen. Denn gerade Familien werden vom Ausländerrecht diskriminiert – so, wenn neuverheirateten Paaren der Nachzug aus dem Heimatland erst nach einer entwürdigenden Frist gestattet wird oder heranwachsende Kinder von ihren in der Bundesrepublik lebenden Eltern ferngehalten werden. Es ist erbärmlich, wenn die Ehefrauen von in Deutschland lebenden Männern bei deutschen Diplomaten Besuchsvisa beantragen müssen, zur Hinterlegung einer Rückkehrkaution gezwungen werden oder in Einzelfällen Atteste vorlegen müssen, daß sie nicht schwanger sind. Die Beschränkung der Zuzugsregelung für die zweite Ausländergeneration übertreibt das zahlenmäßige Problem maßlos, der integrationsmindernde Schaden ist unangemessen groß, die Schäden für die Familien unserer ausländischen Mitbürger hoch. Und: Eine Politik, die sich besonders familienfreundlich gibt, wird unglaubwürdig, wenn sie in derart gleichgültiger Art und Weise die elementaren Familienrechte der Einheimischen mit ausländischem Paß mißachtet.

Auf diese Rechte der Familien weist besonders die Deutsche Bischofskonferenz hin: »Ehegatten haben das Recht zusammenzuleben. Dies gilt auch für ausländische Arbeitnehmer. Es widerspricht diesem Recht, wenn neuverheiratete Ehegatten der Nachzug aus dem Heimatland erst nach einem oder drei Jahren gestattet wird. Eltern haben das Recht, ihre Kinder zu erziehen, und Kinder haben einen Anspruch, in der Familie ihrer Eltern zu leben. Das gilt nicht nur für die Kinder unter sechs Jahren, sondern auch für heranwachsende Kinder. Diese Rechte dürfen aus ideologischen, wirtschaftlichen oder politischen Gründen nicht eingeschränkt werden.«

In den meisten westeuropäischen Städten existiert bereits eine multikulturelle Gesellschaft, und diese Entwicklung hat mit dazu beigetragen, daß unsere Städte in den vergangenen Jahren wieder bunter, lebhafter und menschlicher geworden sind. Das Nebeneinander und Miteinander unterschiedlicher kultureller und ethnischer Gruppen an einem Ort ist kein Problem – Probleme entstehen erst, wenn einzelne Gruppen ausgegrenzt, diskriminiert und abgedrängt werden. Dann wird aus dem Miteinander ein haßerfülltes Gegeneinander. Doch das muß sich nicht zwangsläufig so entwickeln. Im Gegenteil: Die Gestaltung haben wir in der Hand. Dazu braucht es allerdings etwas weniger Engstirnigkeit – und etwas mehr Großzügigkeit.

Kommentierte Literaturübersicht

Einen vielschichtigen Überblick über *Einwanderung* nach Deutschland und *Auswanderung* aus Deutschland gibt der Doppelband »Auswanderer, Wanderarbeiter, Gastarbeiter«, Klaus Bade (Hrsg.), Ostfildern 1984

Mit *Migration aus volkswirtschaftlicher Sicht* beschäftigen sich einzelne, auch wegen ihres Materialienreichtums faszinierende Kapitel in dem klassischen Werk »Der moderne Kapitalismus«, Band I und III, Werner Sombart, Berlin 1927, und dtv-Reprint 1987

Quellen zu einem *Alltagsproblem in Europa* im 17.–20. Jahrhundert und damit eine der Wanderungsursachen liefert »Hunger«, Ulrich-Christian Pallach, München 1986

Über die *Situation der ausländischen Arbeitnehmer* und ihrer Familien informiert der »Bericht 99«, herausgegeben von der Bundesbeauftragten für die Integration der ausländischen Arbeitnehmer und ihrer Familienangehörigen (Ausländerbeauftragte), Bonn o. J.

Einen Überblick über die *Eingliederung der Vertriebenen* gibt »Integration der Vertriebenen«, Paul Lüttinger, Frankfurt 1989

Über die Chancen im *Zusammenleben mit Ausländern* berichtet »Die Multikulturellen«, Deutsche Unesco-Kommission (Hrsg.), Bonn 1985

Die *wirtschaftlichen Bestimmungsgründe der Migration:* »Internationale Arbeitskräftewanderung – ein vernachlässigtes Kapitel in der Außenwirtschaftspolitik«, Egon Tuchtfeld und

Thomas Staubhaar, in: Ordo, Band 36, S. 89 ff., Stuttgart/New York 1985

Die *Nationalstaatsproblematik* wird aufgearbeitet in »Der Nationalstaat – ein Hindernis für das dauerhafte Zusammenleben mit ethnischen Minderheiten?«, Dieter Oberndörfer in »ZAR-Abhandlungen« 1/1989, S. 3 ff.

Wie sich ein *Alten-Staat* entwickeln könnte, wird provokant beschrieben in »Die Entfernung vom Wolfsrudel«, Reimer Gronemeyer, Düsseldorf 1989

Über die *Flüchtlingsproblematik* berichtet regelmäßig die Zeitschrift »Flüchtlinge«, herausgegeben von der UNHCR, Bonn

Zur Flüchtlingsproblematik geben Auskunft Gottfried Köfner/Peter Nicolaus, »Grundlagen des Asylrechts in der Bundesrepublik Deutschland«, Mainz 1986

Franz Nuscheler, »Nirgendwo zu Hause – Menschen auf der Flucht«, Baden-Baden 1984

Der Wissenschaftliche Beirat beim Bundesminister für wirtschaftliche Zusammenarbeit, »Memorandum zur Weltflüchtlingsproblematik«, Manuskript, Bonn 1989

»Informationen für Mitarbeiter in der sozialen Beratung und Betreuung von Asylsuchenden«, Hrsg. Generalsekretariat des Deutschen Roten Kreuzes, Bonn

Über die *Westwanderung der Polen* berichtet »Polnischer Drang nach Westen«, Wolf Oschlies, in: Beiträge zur Konfliktforschung, 3/1989, S. 23 ff.

Wirtschaftliche *Folgen der Ausländerbeschäftigung* beschreibt »Aspekte der Ausländerbeschäftigung in der Bundesrepublik Deutschland«, Elmar Hönekopp (Hrsg.), Beiträge zur Arbeitsmarkt- und Berufsforschung, Nürnberg 1987

Die Problematik der *zweiten Generation von Gastarbeitern* ist angedeutet in »Ausländische Jugendliche in Ausbildung und Beruf«, Ursula Hecker, Berichte zur beruflichen Bildung, Heft 70, Bundesinstitut für Berufsbildung Bonn und Berlin 1984

Über die *Bevölkerungsentwicklung* in Deutschland und international:

»Weltbevölkerungsbericht 1989«, Hrsg. Deutsche Gesellschaft für die Vereinten Nationen, Bonn 1989

»Der Rückgang der Geburten – Folgen auf längere Sicht«, Horst Claus Recktenwald (Hrsg.), Mainz 1989

Statt Einwanderung – die Deutschen sollen die Arbeit selbst tun: »Arbeitsmarktpolitik auf Irrwegen«, Meinhard Miegel, Bonn 1984

Serie Piper aktuell

Franz Alt
Frieden ist möglich
Die Politik der Bergpredigt.
124 Seiten. SP 284

Marianna Butenschön
**Estland, Lettland,
Litauen**
Das Baltikum auf dem
langen Weg in die Freiheit.
368 Seiten. SP 1416

Ulf Fink (Hrsg.)
**Der neue
Generationenvertrag**
Die Zukunft der sozialen
Dienste. 183 Seiten.
SP 919

Anneli Ute Gabanyi
**Die unvollendete
Revolution**
Rumänien zwischen
Diktatur und Demokratie.
228 Seiten. SP 1271

**Ein ganz normaler
Staat?**
Perspektiven nach 40
Jahren Bundesrepublik.
Hrsg. von Wilhelm Bleek
und Hanns Maull. Mit
Beiträgen von Arnulf
Baring, Wilhelm Bleek,
Karl Martin Bolte, Karl
Dietrich Bracher, Hildegard
Hamm-Brücher, Wolfram
F. Hanrieder, Hartmut
Jäckel, Arthur Kaufmann,

Hans Maier, Hanns Maull,
Peter Pulzer, Johannes
Rau, Franciszek Ryszka,
Theo Sommer, Kurt
Sontheimer, Michael
Sontheimer, Rüdiger von
Wechmar. 319 Seiten.
SP 1028

Ken A. Gourlay
Mord am Meer
Bestandsaufnahme der
globalen Zerstörung. Mit
einem aktualisierten
Nachtrag zur Neuausgabe
von Bernd Dost. Aus dem
Englischen von Ernst von
Kardorff und Gabriele
Zelisko. 352 Seiten.
SP 1258

Hildegard Hamm-
Brücher
**Der freie
Volksvertreter –
eine Legende?**
Erfahrungen mit
parlamentarischer Macht
und Ohnmacht. Unter
Mitarbeit von Marion
Mayer. 361 Seiten. SP 1031

Hildegard Hamm-
Brücher
**Der Politiker und
sein Gewissen**
Eine Streitschrift für mehr
parlamentarische
Demokratie. 174 Seiten.
SP 437

Hildegard Hamm-
Brücher
**Wider die Selbst-
gerechtigkeit**
Nachdenken über Sein und
Schein der Westdeutschen.
140 Seiten. SP 845

»Historikerstreit«
Die Dokumentation der
Kontroverse um die
Einzigartigkeit der
nationalsozialistischen
Judenvernichtung.
Texte von Rudolf Augstein,
Karl Dietrich Bracher,
Martin Broszat, Micha
Brumlik, Walter Euchner,
Joachim Fest, Helmut
Fleischer, Imanuel Geiss,
Jürgen Habermas, Hanno
Helbling, Klaus
Hildebrand, Andreas
Hillgruber, Eberhard Jäckel,
Jürgen Kocka, Robert
Leicht, Richard Löwenthal,
Christian Meier, Horst
Möller, Hans Mommsen,
Wolfgang J. Mommsen,
Thomas Nipperdey, Ernst
Nolte, Joachim Perels,
Hagen Schulze, Kurt
Sontheimer, Michael
Stürmer, Heinrich August
Winkler. 397 Seiten. SP 816

PIPER

Serie Piper aktuell

Der Islam im Aufbruch?
Perspektiven der arabischen Welt.
Hrsg. von Michael Lüders.
302 Seiten. SP 1569

Heidi Kaiser /
Jürgen Moysich
Der Kindergarten-notstand
Eine Streitschrift für Eltern und Erzieher. 208 Seiten.
SP 1468

Katholische Kirche – wohin?
Wider den Verrat am Konzil. Hrsg. von Norbert Greinacher und Hans Küng. 467 Seiten. SP 488

Hubert Markl
Wissenschaft: Zur Rede gestellt
Über die Verantwortung der Forschung. 184 Seiten.
SP 1039

Münchner Perspektiven Wohin treibt die Weltstadt mit Herz?
Hrsg. von Christian Ude. Mit einem Nachwort von Georg Kronawitter.

Mit 9 Karikaturen von Hansjörg Langenfass.
239 Seiten. SP 1230

Dorothea Gräfin Razumovsky
Chaos Jugoslawien
Historische Ursachen –
Hintergründe –
Perspektiven. 190 Seiten.
SP 1577

»Redefreiheit ist das Leben« – Briefe an Salman Rushdie
Die taz-Kampagne. Hrsg. von Thierry Chervel.
160 Seiten. SP 1717

Antonio Skármeta
Heimkehr auf Widerruf Chile im Umbruch?
Politische Reflexionen. 195 Seiten mit 11 Abbildungen, biographischer Notiz und Werkverzeichnis. SP 1138

Alexander Solschenizyn
Rußlands Weg aus der Krise Ein Manifest
Aus dem Russischen von Heddy Pross-Weerth.
73 Seiten. SP 1400

Roland Tichy
Ausländer rein!
Warum es kein
»Ausländerproblem« gibt.
165 Seiten. SP 908

»Was ist des Deutschen Vaterland?«
Dokumente zur Frage der deutschen Einheit
1800–1990. Hrsg. von Peter Longerich.
285 Seiten. SP 1269

Wege aus der Wohnungsnot
Hrsg. von Christian Ude.
295 Seiten mit 33 Fotos von Edith von Welser-Ude.
SP 1277

Joseph Weizenbaum
Kurs auf den Eisberg
Die Verantwortung des einzelnen und die Diktatur der Technik. 136 Seiten.
SP 541

Michael Wolffsohn
Ewige Schuld?
40 Jahre deutsch-jüdisch-israelische Beziehungen.
187 Seiten. SP 985

PIPER